跨境电子商务环境下传统外贸企业的转型升级路径分析及对策研究

陈伟芝 著

西北工业大学出版社

西 安

【内容简介】 本书共5章，第1章阐述了本书的写作背景、国内外研究的现状，以及主要内容、方法与技术路线；第2章主要介绍跨境电子商务环境下传统外贸企业转型升级的相关概念和本书研究的相关理论基础；第3章通过PEST模型分析法、五力模型和SWOT分析法等深入分析传统外贸企业在跨境电子商务环境下面临的问题；第4章进行跨境电子商务环境下传统外贸企业的转型升级路径分析，并总结了主要跨境电商平台的特点、规则和运营技巧；第5章从企业自身发展策略和政策需求两方面提出跨境电子商务环境下传统外贸企业转型升级的对策。借以帮助传统外贸企业进行决策与操作，提高企业经济效益，并为行业主管部门制定对策提供依据。

本书可供国际贸易、跨境电子商务研究者参考，也可作为外贸和跨境电子商务行业从业者、跨境电商创业者的学习资料。

图书在版编目（CIP）数据

跨境电子商务环境下传统外贸企业的转型升级路径分析及对策研究／陈伟芝著． —西安：西北工业大学出版社，2019.9

ISBN 978-7-5612-6690-8

Ⅰ.①跨… Ⅱ.①陈… Ⅲ.①电子商务-影响-外贸企业-企业发展-研究—中国 Ⅳ.①F279.24

中国版本图书馆 CIP 数据核字（2019）第 226686 号

KUAJING DIANZI SHANGWU HUANJING XIA CHUANTONG WAIMAO QIYE DE ZHUANXING SHENGJI LUJING FENXI JI DUICE YANJIU

跨境电子商务环境下传统外贸企业的转型升级路径分析及对策研究

责任编辑：	付高明　杨丽云	策划编辑：	付高明
责任校对：	华一瑾	装帧设计：	尤　岛

出版发行：西北工业大学出版社
通信地址：西安市友谊西路127号　　　邮编：710072
电　　话：(029) 88491757，88493844
网　　址：www.nwpup.com
印刷者：陕西金德佳印务有限公司
开　　本：787 mm×1 092 mm　　　1/16
印　　张：8.25
字　　数：141千字
版　　次：2019年9月第1版　　2019年9月第1次印刷
定　　价：39.00元

如有印装问题请与出版社联系调换

前　言

近年来，国际市场形势复杂多变，外贸不确定性因素明显增多，传统外贸企业面临严峻考验。跨境电商却逆势飘红，整体交易规模和用户规模持续迅猛增长，传统工厂订单不断向跨境电商倾斜，"互联网+外贸"席卷而来。外贸企业要想逆势而上，必须突破传统贸易方式，加快转型升级，跨境电子商务无疑是企业赢得未来竞争优势的最有效路径之一。跨境电商的主流平台已经过了野蛮发展的阶段，正朝向规范化、正规化发展。2018年对跨境电商的内外监管趋向严格，企业跨境电商的经营成本普遍提高，传统外贸企业向跨境电商转型更需深耕供应链，打磨运营技巧和营销手段，开展精细化运营，走品牌化道路。

在2018年即将结束之时，亚马逊推出了"品牌+"项目，拥有自主品牌的企业会获得更多支持，为2019年跨境电商行业"品牌年"拉开帷幕，还对中国卖家新开放了印度和中东两个市场，有助于企业发展长远竞争力，开拓国际新兴市场，把握全球商机；阿里国际站面向中小出口企业推出"数字化出海"，以"数据和技术赋能，重塑环球贸易"为主题，通过数字化带中国的工厂走进了线下展览会，而线上线下展览会的边界正在模糊。面对这些日趋严峻复杂的国际国内形势和2019年跨境电商的新政新规带来的问题和机遇，寻求传统外贸企业在跨境电子商务环境下转型升级的路径，并提出相应的对策和建议，既是巨大的挑战，也蕴藏着巨大的商机。

因此，本书在综述国内外企业转型升级和跨境电子商务模式研究现状的基础上，借鉴跨境电子商务环境下传统外贸企业转型升级相关理论，通过PEST模型分析法和五力模型对传统外贸企业面临的宏观环境和内部环境进行深入分析，构筑跨境电子商务环境下传统外贸企业转型升级的SWOT分析矩阵；对跨境电子商务环境下贸易型和生产型的传统外贸企业转型升级路径进行分析，提供了利用第三方跨境电商平台和自建网上商城的路径选择，并总结了主要跨境电商平台的特点、规则和运营技巧。最后本书提出了跨境电子商务环境下传统外贸企业实现转型升级的自身发展策略以及政策需求。正如查理·芒格所说，宏观是我们必须接受的，微观才是我们能有所作为的。我国的传统外贸企业在激烈的国际贸易竞争环境中面临着重重阻碍，这就要求我们把握宏观趋势对自身所存在的问题加以改善，提升竞争力，以更积极的姿态迎接跨境电子商务大潮带来的挑战，完成转型升级，推动我国传统外贸企业的良性发展。

本书可供外贸企业、跨境电子商务行业从业者、跨境电商创业者参考，帮助其进行决策与操作，提高企业经济效益；可供外贸行业相关主管部门制定对策参考；也可供院校国际贸易、跨境电子商务研究者参考，作为研究和学习资料。

本书在撰写过程中，得到了广州市拓点贸易有限公司等许多传统外贸企业、跨境电商公司和金融界朋友的大力支持，为本书提供了大量一线的资料数据和业务处理建议。另外，写作本书还参阅了相关跨境电商大咖的思想精髓和许多文献、资料。在此，一并致以最诚挚的感谢。

由于笔者水平有限，书中可能会存在一些不足，敬请同行专家和广大读者批评指正。

编　者

2019 年 6 月

目 录

第1章 绪论 ········· 1
1.1 跨境电子商务环境下传统外贸企业转型升级研究的背景与意义 ········· 1
1.2 国内外研究综述 ········· 4
1.3 本书的主要研究内容、方法与技术路线 ········· 7

第2章 相关概念及理论基础 ········· 10
2.1 相关概念 ········· 10
2.2 研究的理论基础 ········· 14

第3章 传统外贸企业在跨境电子商务环境下面临的问题分析 ········· 21
3.1 基于PEST模型的宏观环境分析 ········· 21
3.2 基于五力模型的内部环境分析 ········· 30
3.3 传统外贸企业在跨境电子商务环境下的SWOT分析 ········· 33

第4章 跨境电子商务环境下传统外贸企业的转型升级路径分析 ········· 44
4.1 传统外贸企业的转型升级方式 ········· 44
4.2 传统外贸企业的转型升级路径分析 ········· 45
4.3 跨境电子商务环境下传统外贸企业的转型升级路径选择 ········· 52

第5章 跨境电子商务环境下传统外贸企业转型升级的对策分析 ········· 98
5.1 跨境电子商务环境下传统外贸企业转型升级的自身发展策略 ········· 98
5.2 跨境电子商务环境下传统外贸企业转型升级的政策需求 ········· 119

参考文献 ········· 123

第1章 绪　论

1.1 跨境电子商务环境下传统外贸企业转型升级研究的背景与意义

1.1.1 跨境电子商务环境下传统外贸企业转型升级研究的背景

近年来，受世界金融危机、人民币汇率上升、劳动用工成本上升、原料价格上涨等因素影响，我国外贸形势低迷，进出口市场逐步回落，很多外贸企业面临严峻考验，如图1-1所示。2016年我国货物进出口总值3.685万亿美元，比2015年下降0.9%。虽然国际市场份额进一步扩大，仍为全球第一大贸易出口国，但我国进出口贸易总值在持续三年世界第一之后，被美国反超。据海关统计，2017年我国货物贸易进出口总值达到27.79万亿元，比2016年增长14.2%，扭转了此前连续两年下降的局面。其中，出口额为15.33万亿元，增长了10.8%；进口额为12.46万亿元，增长18.7%，但远低于金融危机前年均20%左右的高速增长水平。

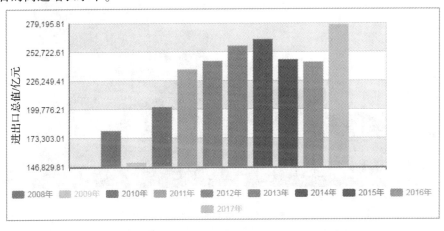

图1-1　近10年我国货物进出口总值

资料来源：国家统计局

然而，中国跨境电子商务不但没有受到任何影响，反而发展势头更加迅猛。根据国内知名电商智库——中国电子商务研究中心（100ec.cn）发布的《2016年度中国电子商务市场数据监测报告》和《2017年度中国电子商务市场数据监测报告》显示，2016年中国跨境电商交易规模达6.7万亿元，同比增长24%。其中，出口跨境电商交易规模为5.5万亿元，同比增长22.2%；进口跨境电商交易规模为1.2万亿元，同比增长33.3%。2017年中国跨境电商交易规模为8.06万亿元，同比增长20.3%。日前发布的《2018—2019中国跨境电商市场研究报告》（以下简称《报告》）显示，2018年中国跨境电商交易规模达到9.1万亿元，用户规模超1亿人，预计2019年将达到10.8万亿元。2016—2018年，中国跨境电商交易规模持续上涨，从6.3万亿元增长到9.1万亿元，预计这一增长趋势将继续保持，在我国对外贸易的发展中发挥出不容小觑的作用，如图1-2所示。艾瑞预测，在全球化趋势与中国电商行业发展迅猛带来的机遇下，中国跨境电商交易规模将持续高速发展，虽然增长率有所放缓，但是整体的发展态势依然强劲，在中国进出口贸易中的比例将会越来越大。

2018年我国跨境电子商务继续呈井喷态势，与2009年0.9万亿元的交易额相比上升明显，但相对于我国2018年的货物进出口总额而言，其规模还微不足道。80%以上的传统外贸企业依然徘徊在门外，并受到跨境电子商务的巨大冲击。而随着信息技术在贸易各环节中应用的发展及专业化分工的不断深化，传统的外贸B2B电子商务模式也已经无法完全适应外贸形势的发展。

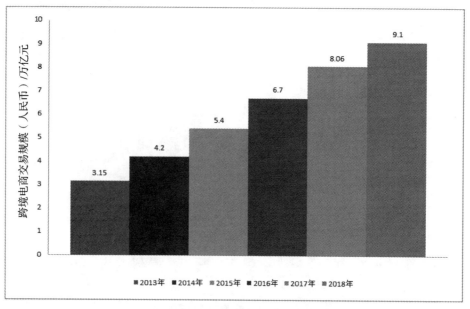

图1-2　2013—2018年中国跨境电商市场交易规模

资料来源：www.100ec.cn电子商务研究中心

金融危机倒逼传统外贸经营方式转型升级，外贸电子商务各种新业态的发展已经出现了重新整合传统外贸经营方式的苗头，这都将对贸易的经营理念和管理手段产生深刻影响，改变传统对外贸易的运作方式和实现速度。跨境电子商务将成为外贸企业尤其是中小外贸企业优化外贸经营方式、实现转型升级的一个重要抓手，是企业赢得未来竞争优势的首要选择。

外贸电子商务新模式不仅是传统贸易模式的重要补充，在不远的将来还可能成为外贸的主流模式。因此寻求传统外贸企业在跨境电子商务环境下转型升级的路径，并提出相应的对策的建议，既是巨大的挑战，也蕴藏着巨大的商机。

1.1.2 跨境电子商务环境下传统外贸企业转型升级研究的意义

1. 丰富传统外贸企业转型升级的研究成果

从 20 世纪 90 年代开始，国内外学术界就开始了对企业转型升级的探索。2000 年左右，国内外学者开始就企业战略转型的核心及种类进行研究，为外贸企业的转型升级能起到很好的借鉴指导作用。随着近年我国外贸的放缓，越来越多的学者开始关注传统外贸企业转型升级的相关问题。目前，外贸企业转型升级的研究大多集中在外贸企业转型升级的相关成果及理论研究上，并局限于传统贸易方式，而对于跨境电子商务环境下传统外贸企业的转型升级路径分析方面的研究还较少，也很少涉猎如何借鉴国外开展跨境电子商务的先进经验，来进行我国传统外贸企业的转型升级的具体策略和深入的政策需求分析。因此，本书的研究是对传统外贸企业在跨境电子商务蓬勃发展的新形势下转型升级路径的探索，将丰富该领域的研究，可以为致力于我国外贸企业转型升级研究的专家、学者提供学术方面的参考。

2. 本书提出的对策有利于外贸企业经济效益的提高

在目前世界经济复苏明显放缓，国内经济下行压力加大的严峻形势下，传统外贸企业应抓住全球市场跨境网购巨大需求的机遇，进行转型升级，这才是持续深化发展的唯一出路。跨境电子商务新模式下的信息流、商流、物流、资金流与传统贸易方式相比，出现了许多新特点、新问题，外贸企业应在拓展贸易渠道、改变产品结构等方面做出相应的转型升级路径选择。本书提出的方法和措施将有助于外贸企业进行决策与操作，大大提高企业经济效益。

3. 为我国政府出台跨境电子商务、外贸企业发展等方面相关政策提供重要参考

许多专家学者都强调，政府政策支持是跨境电子商务及传统外贸企业转型升级的重要支撑。我国各级政府也在积极制定能够促进外贸企业良性快速发展的政策，以解决其发展瓶颈问题。本书从跨境电子商务视觉，提出外贸企业转型升级对政府的政策需求，为政策制定者建立系统而有效的扶持政策，最大限度地发挥经济政策在外贸行业发展升级中的指导作用，促进我国对外贸易的进一步发展，提供有意义的参考。

1.2　国内外研究综述

1.2.1　国外相关研究

从20世纪60年代开始，众多学者悉心钻研，建立了丰富的有关企业转型升级的理论基础。Levy 和 Merry（1984），B. Blumenthal 和 P. Haspeslagh（1994），M. M. Klein（1996），Gary Gereffi（1999）等学者对企业转型升级的涵义进行了深入分析。其中 Levy 和 Merry（1984）从管理组织的角度分析企业转型的内涵，将其描述为一种彻底全面的变革，当组织不能根据过去经验解决当前问题，以往经营模式已经无法适应新状况时，对组织使命、结构和文化等根本层面的运作模式所做出的重大改变；并指出企业转型需要着力解决组织上的流程工序、精神意识、创新能力等方面的问题。Kilmann 和 Covin（1988）从管理学角度指出企业转型就是通过审视过去行为、现在和将来的使命和目的，并采取一切必要措施来完成改变的过程。Shaheen（1994）认为企业转型是企业组织通过价值、形态、技巧及行为等方面的改变来增强企业弹性，以适应不断发展变化的外在环境，从而提升企业经营绩效和竞争力的过程。Bhatt 和 Ganesh D.（2000）指出组织架构、组织再构及重组企业资源的能力对加速企业的转型升级具有重要的作用[①]。R. Kaplinsky M. Morris（2001）提出企业的转型升级是指企业更加有效地制造产品及制造更好的产品或者从事提升产品更多的附加值以及更多技能的活动，并分析提出以企业为核心，从低级到高级的企业转型升级路径[②]。J. Humphrey 和 H. Schmitz（2002）指出企业升级是指通过获取技术能力和市场能力，以改善其竞争能力以及从事高附加值的活动；并提出企业升级包括过程升级、产品升

[①] BHATT, GANESH D. A resource-based perspective of developing organizational capabilities for business transformation [J]. Knowledge and Process Management, 2000, 7（2）.

[②] KAPLINSKY R, MORRIS M. A Handbook for Value Chain Research [R]. Prepared for the IDRC, 2001.

级、功能升级和跨产业升级四个从低级到高级的层次[①]。

国外学者对企业转型升级的影响因素分析主要集中在企业内部方面,尤其强调创新能力在企业转型升级中的作用。Cyert 和 March（1963）认为创新是企业转型升级的重要因素,创新与企业家精神和企业文化相关。Winter（2003）也认为创新精神能加速企业转型升级的速度。Gans 和 Stern（2003）提出政府构建的技术环境对于企业转型升级有很大的帮助。Garcia 和 Dominie（2006）通过实证调查对影响企业转型的因素进行了分析,认为强有力的领导水平是影响企业转型能否成功的最重要的因素,而转型时机、对转型的认知等也对企业转型产生影响[②]。Herbert 和 Ian（2009）在研究中提出了运用管理控制系统与通过员工授权来实现企业转型升级的方法[③]。Srinivasan 和 Mahesh（2010）分析指出成功的企业大部分都是立足于良好的企业资源规划（ERP）系统的运转,并且真正的实现 E 供应链,形成供应链集成,从而使企业成功地实现转型升级[④]。Wiliam J. Bunting（2012）指出企业转型是涉及组织变革和新技术运用的复杂战略方式。企业管理者在转型前需要熟知转型的目标、扶持转型所需的技术支持,合理安排企业组织结构,避免投资风险和企业转型的失败。R. Vezhoavendhan 和 Chimny Sarkar（2014）分析了中小型企业转型成功的原因,认为促进企业转型成功的影响因素主要包括企业观察能力、机会识别能力、数据分析能力、顾客关注度、企业产品质量等。

关于互联网与国际贸易方面,Caroline L. Freunda,Diana Weinhold（2002）通过实证分析发现网络主机增加 10% 使得出口增长率提高 0.2%,互联网对贸易有着显著的影响。Dan Jerker B. Svarvtession 认为随着网络的发展,跨境电子商务将各个国家的消费者联系到一起,形成一个无比巨大的市场,它将改变世界各国外贸企业的营销模式,因此,外贸企业向跨境电商转型必将会有较好的发展。

1.2.2 国内相关研究

国内相关学者也对企业转型升级的涵义开展了研究和探讨。如吉发（2006）认为狭义

[①] HUMPHREY J, SCHMITZ H. How does insertion in global value chains affect upgrading in industrial clusters [J]. Regional Studies, 2002, 9 (36).

[②] GARCIA, DOMINIE. Process and outcome factors of enterprise transformation: A study of the retail sector [D]. Georgia Institute of Technology, 2006.

[③] HERBERT, Ian. Business transformation through empowerment and the implications for management controlsystems [J]. Journal of HRCA: Human Resource Costing &Accounting, 2009.

[④] SRINIVASAN, MAHESH. E-Business and ERP: A Conceptual Framework toward the Business Transformation to an Integrated E-Supply Chain [J]. International Journal of Enterprise Information Systems, 2010, 6 (4).

跨境电子商务环境下传统外贸企业的转型升级路径分析及对策研究

上的企业转型是指企业由于所在行业竞争力下降或者比较优势减弱而采取的变革，主动或被动地采取多元化策略等产业转移战略或完全退出原有行业，以寻求新的利润点。毛蕴诗、吴瑶（2009）认为企业转型升级是企业为提高持续竞争能力以及产品、服务的附加值，寻找新的经营方向而不断变革的过程，是产业转型升级的微观层面和最终落脚点。张波（2010）从动态发展的角度提出，企业转型升级就是企业为了动态适应外部环境或内部条件的变化，或为了利用潜在的机会，进行技术改造、产品升级、产业转型，从一个战略转向另一个战略，并不断创造新的竞争优势，以维持企业的生存和发展。

徐雪刚（2008）分析了全球生产网络下中国传统外贸企业战略转型的必要性，阐明了其战略转型的方向，并概括论述了企业战略转型的三种模式。学者李毅、陈方（2011）对后危机时代中小型外贸企业所处环境进行了分析，认为我国传统外贸企业必须进行升级转型才能取得长足发展。而要使我国中小外贸企业实现转型成功，我国政府应该在诸如区域规划、财政金融政策等方面进行相关的配套改革，众多中小企业也应在分析国内外变化的贸易形势背景下，加快主营业务的调整，以便走得更好更远。林立（2012）以加工贸易企业转型升级的过程为核心，对加工贸易的宏观战略和企业战略等核心能力进行分析，划分出四类转型升级基本维度，分别是企业形态优化维度、市场结构优化维度、经营模式优化维度、自主知识产权优化维度。巩爱凌（2012））对于我国外贸出口现状进行了深入分析，指出中国是处在全球价值链低端的粗放型出口，必须改变单一"世界工厂"的尴尬局面，出口向内涵型发展转变；从 OEM（原始设备制造）向 ODM（原始设计制造）、OBM（原始品牌制造）升级；由选择性产业政策向功能性产业政策转变；构建国家价值链。李锐（2013）提出政府职能的创新是民营企业转型升级的重要条件。周骏宇、杨军（2013）对广东外贸企业当前遭遇的真正困难所在、企业进行转型升级的路径选择进行了调查分析，并指出外贸企业迫切需要政府为企业转型升级提供扶持。张磊（2014）着重分析了国有外贸纺织企业应该选择何种转型战略，并提出国有外贸纺织企业采用的总体转型战略应是多元化经营战略、纵向一体化战略。职能战略具体为增强创新能力，积极开展实业化建设，促进合作向供应链上下游延伸，积极实施品牌战略，开发自有品牌；吸收先进工艺和管理经验，加快人才建设。

白万纲（2009）在《中国外贸企业战略转型》一书中分析中国外贸企业面临的外部挑战与机遇，指出我国外贸企业内在核心问题，最终提出我国外贸企业进行转型的六大战略，其中在针对贸易平台问题的策略中，指出了中国对外贸易企业向跨境电商转型过程中存在的问题，他认为中国对外贸易企业向跨境电商转型是走出困境的重要路径之一。方虹、潘博、彭博、张瑞洋等（2014）等跨境电子商务的模式进行了分析，并提出细化政策、重视企业信息化、研究和推行法律法规以适应电子商务发展等对策建议。吴春芬（2015）认为我国外贸在转型升级过程中面临的内外部挑战和困难迫使传统外贸企业转型，跨境电商给传统外贸企业带来的好处则成为向跨境电商转型的动因。

综合国内外的相关研究现状可以看出，学者们对于企业的转型升级给予了很大程度的关注，但对外贸性质企业的研究资料大多集中在加工贸易的转型升级上，对生产性外贸企业的研究较多，对于民营外贸企业、流通型外贸企业的的研究较少。对于企业的升级路径也是较为笼统的分析，并局限于传统贸易方式。本书正是将以国内外学者的前期研究作为理论基础，从跨境电子商务的视角重新审视传统的外贸问题，结合外贸资讯平台发展提供的信息，积极寻求传统外贸企业转型升级的路径和对策。

1.3 本书的主要研究内容、方法与技术路线

1.3.1 本书的主要研究内容

本书的主要研究内容包括以下几个板块：

1. 深入分析传统外贸企业在跨境电子商务环境下面临的问题

宏观环境、行业环境，公司的自身情况等方面因素都会影响外贸企业的转型升级路径。本书在归纳和整理现有的相关理论的基础上，采取 PEST 分析模型（宏观环境分析模型）进行政治、经济、社会、技术分析等宏观环境分析，运用五力模型进行行业分析，通过 SWOT 分析（态势分析法）得出企业的优势、劣势，进而厘清传统外贸企业在跨境电子商务环境下所面临的情况。

2. 提出跨境电子商务环境下传统外贸企业的转型升级路径

在环境分析的基础上，结合问卷调查、实地走访及外国经验对传统外贸企业在跨境电子商务环境下转型升级路径进行深入的探讨，并针对所存在的问题提出有效路径，为外贸企业的可持续发展提供良好的借鉴。

3. 提出相应的企业自身发展策略及对政府的政策需求

传统外贸企业要改变现状就必须转变外贸经营理念，依靠自身的努力及政府的政策支

持来实现转型升级。跨境电子商务环境下存在外贸电子商务与现行国际贸易规则的冲突风险、增长速度过快引发目标市场国采取反制措施引发的风险、设立海外仓库开展国际化经营面临的政策风险、营销模式与物流和支付服务过度依赖国外企业的隐藏风险等，需要科学研判形势，提出应对措施。跨境电子商务环境下外贸企业的报关、报检、收汇、核销、退税和结汇等发展瓶颈问题，亟需政府出台有效的扶持政策与法规，为我国产业升级和经济结构转型，发展现代服务业提供有力推动。本书将从跨境电子商务环境下传统外贸企业实现转型升级对企业自身发展策略及对政府的政策需求两方面开展深入研究。

1.3.2 本书所采用的主要研究方法

本书运用多维度的研究方法，将理性思维和研究方法有机地结合起来，主要采用了以下几种方法：

1. 文献研究法

文献研究法是本书所采取的一个重要、基础的研究方法，通过对大量相关文献整理和分析，了解研究现状，把握最新研究进展，对前人的主要研究成果、重点和研究方法进行借鉴与参考，明确研究的方向和意义，为本书框架的设计和研究内容的展开奠定基础。

2. 比较研究法

通过国内外贸电子商务与国外相比，借鉴其经验，从而为我国跨境电子商务环境下传统外贸企业的转型升级路径分析及对策研究提供有益的启示。

3. PEST 模型分析法、五力模型、SWOT 分析法

本书将通过 PEST 模型分析法、五力模型、SWOT 分析法等对传统外贸企业在跨境电子商务环境下面临的问题进行分析。

4. 调查研究法

本研究将主要采用问卷调查、座谈、实地调查等研究方式来获取第一手资料，了解外贸企业跨境电子商务发展趋势，为解决问题的方法和措施提供参考。

1.3.3 研究的技术路线

"十二五"期间，电子商务被列入战略性新兴产业的重要组成部分。《广东省人民政府办公厅关于印发〈实施珠三角规划纲要 2013 年重点工作任务〉的通知》中明确提出要"全面提升开放型经济水平，构建对外开放合作新格局""拓展对外贸易发展空间""培育推广企业供应链管理、电子商务等外贸新业态。"因此，本书在分析相关文件精神、深入调研的基础上，通过 PEST 模型分析法、五力模型、SWOT 分析法等深入分析传统外贸企业在跨境电子商务环境下面临的问题；通过实证分析方法，进行跨境电子商务环境下传统外贸企业的转型升级路径分析，并提出相应的发展对策和政策需求，为外贸企业和行业主管部门制定对策提供依据。本研究的具体研究技术路线如图1-3所示。

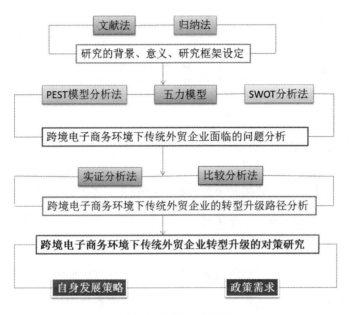

图 1-3　研究技术路线

第 2 章　相关概念及理论基础

2.1　相关概念

2.1.1　传统外贸企业

外贸企业是指在国家规定的注册企业的相关领域内，对合法产品有进出口经营权，从事对外贸易（进出口）的企业。其业务往来重点在国外，主要通过把国外商品进口到本国来销售，或者将本国商品销往国外以获取经济利益。随着网络的普及，信息化、供应链管理、电子商务等现代管理方式的迅速发展，相对于现代外贸企业的传统外贸企业定义常常被提及。现代外贸企业在互联网技术、现代物流的支撑下表现为以信息化、自动化、智能化和集成化为主要特征。而传统外贸企业是指利用展览会或业务员推销等传统外贸方式进行日常经营，对产品有合法的进出口经营权，由各个外贸公司独自完成询盘、报价、签约、生产、租船订舱、投保、报关商检、收汇结汇和核销退税等外贸全流程。我国传统外贸企业有工贸一体的生产型外贸企业和缺少实体的贸易型外贸企业。我国传统外贸企业主要分布于东南沿海一带，以生产型外贸企业为主，拥有自己的厂房，企业独立生产制造产品并销售给国外顾客，需要保证产品的质量、数量满足国外客户要求，需要考虑原材料成本、生产周期等一系列生产环节中的问题，并有较大的积压存货风险。贸易型外贸企业以经销、代理为主，是典型的服务型企业，集中于拓展市场发展新客户，提供"客户服务"。传统外贸企业主经营方式相对落后，习惯于参展、办展、接单、生产、发货的传统外贸经营模式，缺乏创新精神，企业管理方式单一，普遍存在以低成本、同质化和价格战为特征的粗放经营现象，难以适应市场的高速发展。

2.1.2 转型升级界定

所谓转型，是指事物的结构形态和运转模型及人们观念上的根本性转变过程。转型是一个主动求新求变的过程，是一个创新的过程。不同转型主体的状态及其与客观环境相互适应的程度，最终决定其转型内容和方向的多样性。企业成功的转型，就是决策层根据外部环境的变化要求，对企业的体制机制、运行模式及发展战略进行大范围地动态调整和创新，将旧的发展模式转变为适应当前时代要求的新模式。

升级是指从较低的级别升到较高的级别，指规模扩大、程度加深、活动加剧等。企业升级是在1986年7月4日我国国务院颁发的《关于加强工业企业管理若干问题的决定》中提出的，要在第七个"五年计划"期间，开展全国工业企业特别是全民所有制大中型企业有计划、有步骤地"抓管理、上等级、全面提高素质"的上等级工作。将企业分为国家特级企业、国家一级企业、国家二级企业、省（自治区、直辖市）级先进企业。产品质量、物质消耗、经济效益及安全生产四项指标，是评定企业等级的主要依据。通过引导企业瞄准不同等级目标努力进行企业升级，使企业管理水平提升到一个新的台阶。

2.1.3 跨境电子商务

跨境电子商务（cross-border electronic commerce），是指属于不同关境的交易主体，通过电子商务的手段达成交易、进行支付结算，将传统对外贸易中的展示、磋商和成交环节电子化，并通过跨境物流送达商品、完成交易的一种新型国际贸易方式。其本质是电子商务延伸到进出口贸易领域，是国际贸易与互联网的结合，是国际贸易业务流程的电子化、数字化和网络化。跨境电子商务的交易模式主要有企业间交易的B2B模式、企业与个人消费者间交易的B2C模式，以及个人之间交易的C2C模式。目前以B2B和B2C模式为主，并形成了一些具有影响力的第三方跨境电子商务平台，如阿里巴巴和敦煌网等，促使跨境电商交易得以更加便利的飞速发展。跨国电子商务主要有下述特征。

1. 全球化

跨境电子商务依附于网络来开展日常业务和信息交流，由于网络的无边界特征，跨境电子商务也具有了全球化和非中心化的特征，丧失了传统对外贸易所具有的地理因素。只要网络能够到达，跨境电子商务就能够将产品信息提供给任何想要获得的国外市场，并通过跨境电子商务平台与顾客的有效沟通将产品销售给国外顾客。

2. 频率高、种类多、批量小

跨境电子商务的主要交易特征就是"频率高、种类多、批量小"。在跨境电子商务平台上进行交易方便快捷，进出口商的线上沟通比传统贸易更为有效，交易实现的频率就比传统对外贸易方式要高得多。通过跨境电商平台，出口商面临的交易对象不仅仅是企业，更多的还是个体消费者，因此更青睐于小批量多频次的采购自己喜欢的各种产品，交易数量少，但是品种繁多，涉及服装、日用品、食品、电子产品等方方面面，以满足多样化需求。

3. 即时性

传统外贸的商品展销、打样寄样、交易磋商、货物运输、报关报检、制单交单、结汇等信息传递和交易环节都需要较长的时间，大大降低了外贸企业的经营效率。而跨境电子商务方式免去了传统外贸中的很多中间环节，出口商可以直接在网络平台上展示商品，顾客可以直接通过网络来获得所需产品消息，买卖双方可以通过网络进行实时信息沟通，如同当面进行洽谈。并且随着跨境电子商务的快速发展，国际物流业也飞速发展，物流运输与配送时间迅速缩短，节省了更多的外贸活动时间，效率大为增加。某些数字化产品（如电子图书、音像制品、软件等）的交易，还可以即时完成订货、付款和交货整笔业务。

2.1.4 企业转型升级概念

国内外学者对于企业转型升级的内涵开展了大量的研究，有的从企业外部环境如技术、市场需求、行业周期等角度进行剖析，有的则从企业内部组织架构、管理行为模式等角度切入。大多学者都认为企业转型升级是企业基于获取更长远的发展目标，而采取各种创新手段转变企业结构职能或者产品种类的变革行为过程。关键点都在于通过创新增强企业竞争力。企业转型往往是由于竞争能力或竞争优势降低，促使企业通过变革，提升自身在产业内的竞争力；或者是由于所处行业衰退，企业发展前景黯淡，而迫使企业不得不主动或者被动地实施多元化策略、产业转移等战略，寻找新的经济增长点以获得生机。

综合国内外学者的研究成果，所谓企业转型是指当企业面临剧烈的内外部环境变化时，在长期经营方向、生产方式或生产领域、企业运营模式及其相应的组织方式以及资源配置方式等重要方面所作出的本质和模式上的调整，使企业重塑竞争优势、提升社会价值，转向新的企业形态的变革过程。具体包括以下三方面的转型：一是业务转型，企业根据市场变化灵活调整产品定位、市场定位、经营策略和经营重点等，企业转变经营领域、经营方向和经营手段，由提供单一产品转成设计整套产品或解决方案，由单纯销售产品盈利转向提升产品的售后服务和增值服务盈利，或由 OEM 转向 ODM 再转向 OBM，甚至改变所从事的行业；二是职能模式转型，企业通过转变财务、人事、生产、市场等职能部门的组织和运作模式，实现资本、人力资源、产品和营销的转型战略；三是技术创新转型，技术创新是企业持续发展的强大动力，先进的技术可使企业抓住每一个稍纵即逝的发展机会，学习掌握更先进的技术和生产工艺，利用先进技术手段和技术平台，培育自主知识产权和自主品牌，是企业保持竞争力和企业升级的重要路径。企业升级则更多地是指基于全球价值链框架下产业链整体水平的升级，是企业借助价值链密切与市场的联系，获取技术进步，从附加价值低、技术含量低的环节走向附加价值高、能带来较高收入、整体竞争力强的环节的动态过程。

结合我国外贸企业的特点及国内外学者的研究，外贸企业转型升级的内涵是指外贸企业为应对内外部经营环境的变化，基于产品、市场、技术、战略、制度等创新的发展方式，优化其进出口贸易的方式结构、产品结构、市场结构、模式结构、职能结构等，最终提高外贸产品的附加值，增加经济效益，实现外贸企业竞争力的提升和价值链的升级，达到新的持续发展形态的过程。

2.1.5 跨境电子商务环境下传统外贸企业转型升级的界定

随着我国传统外贸的增长乏力和全球电子商务日趋成熟，跨境电子商务已成为我国外贸行业发展的新引擎。为规避传统外贸可能出现的风险并发挥跨境电子商务的优势，提升企业竞争力，传统外贸企业需要基于跨境电子商务来进行转型升级。跨境电子商务环境下传统外贸企业转型升级是指传统外贸企业充分利用我国现有跨境电子商务销售路径、销售方式和运营模式等跨境电子商务优势，促使外贸企业通过组织结构、业务流程和经营模式的变革，用跨境电子商务经营模式替代原有的传统外贸经营模式，提升在外贸行业中的竞争力，从而获取新的经济增长点。

2.2 研究的理论基础

2.2.1 企业生命周期理论

1. 企业生命周期理论的内涵

企业生命周期概括了企业发展与成长的动态轨迹,包括发展、成长、成熟和衰退期几个阶段。企业生命周期理论(见图2-1)认为,企业发展如同人及其他生物,也要经历生命周期的从产生到消亡的整个过程,而且企业生命周期的各个阶段都遵循大致相同的基本规律。企业生命周期理论最有代表性的人物是美国当代著名管理学思想家伊查克·爱迪思。其在《企业生命周期》一书中把企业生命周期分为孕育期、婴儿期、学步期、青春期、壮年期、稳定期、贵族期、官僚化早期、官僚期和死亡十个阶段。爱迪思准确生动地概括了企业生命各个不同阶段的特征,并提出了相应的对策。

企业在生命周期不同阶段的特征、追求的目标、关注的重点和存在的风险都不同。企业需针对自身所处生命周期的阶段制定相应的战略,才能使企业的总体战略更具前瞻性、目标性和可操作性,从而保证企业的顺畅运营。企业生命周期理论的研究目的就在于试图为处于不同生命周期阶段的企业找到与其自身特点相适应,并能不断促使其发展延续的特定组织结构形式,帮助企业从内部管理方面找到一个相对较优的模式来保持企业的发展能力。在各个生命周期阶段内均能充分发挥特色优势,从而延长企业的生命周期,实现自身的可持续发展。

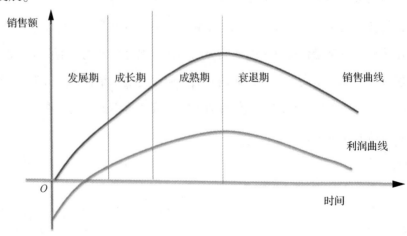

图 2-1 企业生命周期理论

2. 企业生命周期理论的指导意义

我国传统外贸企业大都遵循定型的办展、接单、生产和发货的传统经营模式，稳定传统的经营模式虽然为企业带来了稳定的收入，但也使企业对所经营的产品产生较强的依赖性，缺乏创新精神，很多企业即将面临或者已经陷入经营困境，继续现有的经营模式将无法获得更多的市场份额甚至萎缩。根据企业生命周期理论分析可知，这意味着传统外贸企业已经进入成熟期或衰退期，需对企业现状进行有效的分析，寻找蜕变路径，转变经营方式，进行组织结构的变革，从而获得新的发展点。

现阶段我国跨境电子商务发展迅速，跨境电商企业呈现高增长和高利润的双高发展态势。跨境电商企业业务范围快速扩张，生产和交易规模快速上升，企业的融资能力增强，实力得到明显提高，说明我国跨境电商企业整体上正处于成长期。但因为跨境电商未来发展还存在许多不确定性，跨境电商企业需增强自身的管理能力和业务能力，随时防控可能出现的风险，保证企业保持现有的快速发展状态。

通过以上分析，我国传统外贸企业转型成为跨境电商企业，有助于传统外贸企业进入新一轮的企业生命周期，并快速渡过发展期，进入成长阶段获得市场，提高产品的整体竞争力和企业整体外贸开拓能力，获取新的持续发展力。

2.2.2 竞争优势理论

1. 竞争优势理论的内涵

竞争优势理论（见图2-2）是由著名管理学家哈佛大学商学研究院迈克尔·波特（Michael E. Porter）教授提出的。波特在竞争战略理论方面做出了非常重要的贡献，并将其理论延伸到国际竞争上，提出了"钻石体系"（又称菱形理论），即国际竞争优势模型（钻石模型）的分析架构。

波特的国家竞争优势模型认为加强本国企业创造国内竞争优势速度的决定因素主要有四方面：生产要素条件，需求状况，相关及支持产业表现，企业的战略、组织以及竞争。生产要素条件是指一个国家或地区所拥有的生产要素禀赋，包括人才资源、自然资源、资本资源、知识资源和基础设施等。其丰富度及将这些基本要素条件转换成特殊优势的能力决定着竞争优势的高低。需求状况是指某个行业产品或服务的需求数量和成熟度。需求越多、消费者需求层次越高，竞争优势越明显。相关及支持产业表现主要指与企业有关联的产业和供应商的竞争力情况；如果一国具有在国际上有竞争力的关联性配套产业，这些世界一流的制造商、供应商等相关产业的能力将有力地支撑产业竞争力的提升，帮助该国获得持久的竞争优势。企业的战略、组织及竞争是指企业的组织方式、管理模式、竞争目标等管理意识形态和行业中存在的国内竞争状况等。企业所面临的各种外部环境和国内市场的竞争程度也决定着产业竞争能力的高低。高度激烈的竞争会迫使企业改进技术和进行创新，从而有利于该国确立国际竞争优势地位。这四个因素形成一个菱形结构，相互影响、相互促进。此外，一国的机遇和政府的作用这两种外部力量对这个菱形也会产生重要的影响。机遇主要指重大发明、技术突破、生产要素供求状况的重大变动以及其他突发事件等，大多无法控制。政府政策会促进或者阻碍某一产业的发展，因此政府可以通过政策调节来创造竞争优势。钻石体系中的这些影响竞争的因素共同发生作用，促进或阻碍一国竞争优势的形成。更为重要的是，它是一个动态的体系，每个因素都会相互拉推影响其他因素的表现，使得一国竞争优势发生改变。

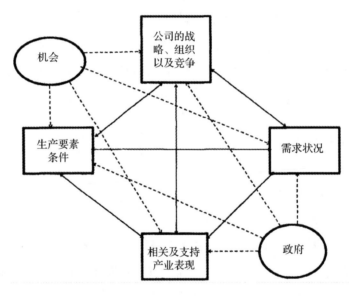

图 2-2　竞争优势理论

资料来源：迈克尔·波特. 竞争优势 [M]. 陈小说，译. 北京：华夏出版社，2005：314.

2. 竞争优势理论的指导意义

竞争优势理论为传统外贸企业转型升级提供了指导方向，对于企业建立积极进取的创新机制有着深刻的启迪。目前，国家大力扶持跨境电子商务的发展，出台了许多利好政策，而传统外贸行业却逐渐衰退，要想重新获得竞争优势须顺应我国外贸的新型发展方向，利用跨境电子商务的优势进行转型升级。跨境电子商务的发展为传统外贸企业提供了转型机会，企业快速抓住机会尽早转型，有利于企业比竞争对手更快地占领市场，取得先发优势。

根据钻石体系，传统外贸企业能否建立竞争优势成功转型，取决于以下四种要素的支持：第一，企业转型需要要素资源的支撑，包括跨境电子商务人才资源、资本资源、基本网络设施等，政府需要在宏观上确保各种要素资源的充足，企业需提高自己的各种能力（如企业融资能力）来保证要素资源的获得。第二，对于外贸行业来说，企业的转型是否成功还取决于顾客需求。跨境电子商务发展至今，顾客群正快速增加，说明我国跨境电子商务需求条件适合企业转型。与此同时，企业须提高自身的服务能力，建立优势产品提升客户体验，提高顾客满意度和忠诚度，保证满足国内外顾客需求。第三，跨境电子商务环境下传统外贸企业的转型需要具备拥有国际竞争力的关联性配套行业的支持，特别是跨境物流、跨境电子支付的支持。政府应加大对这类行业的扶持，保证传统外贸企业转型升级拥有相关配套行业的有力支持，而外贸企业则应与配套行业密切联系，相互配合，相互促进，共同发展。第四，传统外贸企业还须充分分析所面临的内外部环境和竞争对手的优势，积极开展技术培训，提升能力，找准投资方向，合理组织企业部门结构来促进企业转型成功，建立竞争优势。而政府则应当为传统外贸企业转型建立良好的宏观环境，出台有效政策引导企业转型。

2.2.3 产业集群理论

1. 产业集群理论的内涵

产业集群的概念也是由迈克尔·波特教授首次提出的。产业集群理论是指在产业的发展过程中，一个特定领域内互有联系的上、中、下游的企业、供应商、关联产业或专门化的机构和协会，由于相互之间的共性和互补性等特征而紧密联系起来，通过集聚在特定地理位置形成有效的市场竞争，构建出专业化生产要素优化集聚洼地，产生相互之间的溢出效应，使企业共享区域公共设施、技术、信息、人才、政策以及相关产业要素等市场环境和外部经济，获取规模经济效益，降低信息交流及物流成本，形成区域集聚效应、规模效应和外部效应，进而大大提升整个区域产业群的竞争力。

这些集群的企业基本上都处在同一条产业链上，呈现横向扩展或纵向延伸的专业化分工格局，企业间存在着既竞争又合作的相互关系，相互促进，使得资源得到充分共享，聚集于该区域的企业竞争力因此得到整体提升。产业集群理论有助于企业识别与其有关联的企业、行业和机构，加强了集群内企业间的有效合作和友好竞争，共同分享技能、资源，共担成本，获得外部规模效应。集群内的隐形竞争压力，迫使企业不断进行技术创新和组织管理创新，激励企业相互学习，不断更新企业知识，促进知识和技术的转移扩散，降低企业创新的成本，发挥了资源共享效应，有利于形成"区位品牌"，提高企业整体能力。

2. 产业集群理论的指导意义

传统外贸企业、跨境物流行业、跨境支付机构和跨境电商平台等企业和机构形成产业集群，集群内各个方面的力量共同努力，对传统外贸企业的转型升级有着广泛而积极的影响。首先，通过原料供应商、第三方跨境电子商务平台、竞争对手等相关企业的相互竞争和合作，各自信息和资源的分享，互相借鉴学习，有利于各种新思想、新观念、新技术和新知识的传播，不断进行产品设计、开发、包装、管理和技术等方面的改进和创新，促使传统外贸企业转型成功。其次，跨境物流行业和跨境支付行业是传统外贸企业转型经营跨境电子商务业务的最主要的配套行业。跨境电子商务环境下传统外贸企业的转型应与这些配套行业企业形成良好的合作关系，保证经营的顺利开展，降低交易成本，提高整个产业链的运作效能，形成互相推动促进的良性循环，最终提升传统外贸企业的竞争优势。此外，传统外贸企业的转型升级不仅会受到产业集群内部相关企业的影响，还会受到所在区域宏观环境的影响，包括政府扶持政策、外贸经济形式以及国际国内环境等因素。企业在选择转型发展战略须时刻关注宏观环境的变化，适时根据情况调整战略。

2.2.4 战略管理理论

1. 战略管理理论的内涵

战略管理是指对一个企业或组织在一定时期的全局的长远的发展方向、目标、任务和政策，以及资源调配做出的决策和管理艺术。战略管理是由环境分析、战略制定、战略实施、战略控制等四个不同阶段组成的动态过程，这一过程是不断重复、不断更新的。战略管理包括确定企业的使命和目标，对组织外部环境和内部条件进行检测分析，了解组织所处的环境和相对竞争地位，在此基础上制定企业的战略目标，为保证目标的正确落实和实现进行谋划，并采取措施付诸实施，以及在实施过程中进行控制的整个动态管理过程。

战略管理的目标是提高企业对内外部环境的适应能力，使企业在激烈的市场竞争环境中立于不败之地，从而做到可持续发展和实现社会价值。

2. 战略管理常用的分析方法

（1）PEST 模型分析法。PEST 模型分析法（见图 2-3）是指宏观环境的分析，是战外部环境分析的基本工具，它通过政治（politics）、经济（economic）、社会（society）和技术（technology）角度或四个方面的因素分析从总体上把握宏观环境，并评价这些因素对企业战略目标和战略制定的影响。

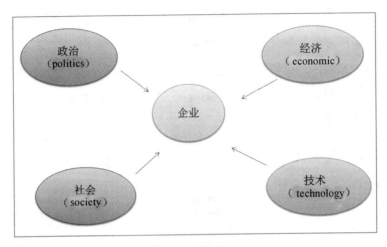

图 2-3　PEST 模型分析法

（2）五力模型。五力模型（见图 2-4）是由迈克尔·波特于 20 世纪 80 年代初提出的，是企业制定竞争战略时经常使用的战略分析工具。波特五力模型将大量不同的因素汇集在一个简便的模型中，以此分析一个行业的基本竞争态势。他认为行业中存在着决定竞争规模和程度的五种力量，这五种力量综合起来影响产业的吸引力以及现有企业的竞争战略决策。五种力量分别为同行业内现有竞争者的竞争能力、潜在竞争者进入的能力、替代品的替代能力、供应商的讨价还价能力以及购买者的讨价还价能力。

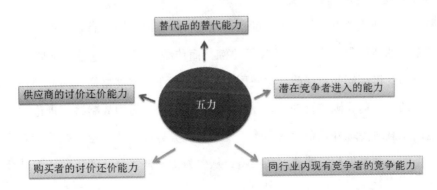

图 2-4　五力模型

（3）SWOT 分析法。SWOT 分析法又称为态势分析法（见图 2-5），由美国旧金山大学的管理学教授韦里克于 20 世纪 80 年代初提出，是一种战略规划工具分析方法，用来确定企业本身的优势（strength），劣势（weakness），机会（opportunity）和威胁（threat），通过调查并列举出与研究对象有关的各种内部自身资源优势、劣势和外部的威胁、机会等情况，然后按照矩阵形式排列分析，从而将企业的战略与企业内部资源、外部环境有机结合，继而得到整个相对应的分析结论。运用 SWOT 分析模型，可以系统全面地明晰企业的资源优势和缺陷，掌握企业所面临的机会和挑战，对于制定企业未来的发展战略和发展计划有着极其重要的意义。

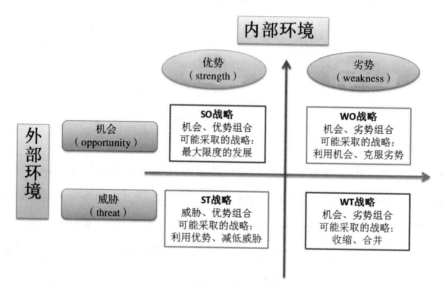

图 2-5　SWOT 分析法

3. 战略管理理论的指导意义

随着经济全球化和电子信息技术的快速发展，全球电子商务日益成熟，跨境电商成为推动经济发展的新引擎，在全球掀起了热潮，而传统外贸产业竞争力下降、外贸增长乏力。跨境电商的迅猛崛起正在改变着我国传统外贸行业的发展格局。为此，在跨境电子商务环境下，结合当前我国传统外贸产业发展现状及趋势，运用战略管理理论的分析方法探究跨境电商及其对传统外贸企业的影响、发展的优势劣势以及机会与挑战，充分发挥其中的价值和空间，并提出相应的建议和策略，从而为传统外贸企业的成功转型升级打好坚实基础。

第3章 传统外贸企业在跨境电子商务环境下面临的问题分析

3.1 基于 PEST 模型的宏观环境分析

3.1.1 政治法律环境分析（P）

1. 国外政治法律环境分析

我国传统外贸企业面临的内外部环境错综复杂，政治层面上，国际局势更为动荡，传统外贸企业发展的不确定性、不稳定性因素进一步增加，导致出口市场不稳定，这也使得一些企业遭受重创。美国新总统上任、英国脱欧、欧洲主要国家大选、韩国总统选举、加泰罗尼亚宣布从西班牙独立等大事件都会给现有政策规则走向带来变数。美国新总统特朗普上台后奉行"美国优先"理念，已退出《跨太平洋伙伴关系协定》（TPP），并寻求与加拿大、墨西哥重新谈判《北美自贸协定》（NAFTA）。跨太平洋伙伴关系（TPP）、跨大西洋贸易和投资伙伴关系（TTIP）、区域全面经济伙伴关系（RCEP）等区域性多边自贸协定前途未卜。发达国家收入分配格局失衡导致"逆全球化"思潮涌动，全球贸易秩序进入前所未有的新调整之中①。在多哈回合推进困难的背景下，各国通过商谈自由贸易区等方式推进区域性合作，国际贸易规则出现碎片化。新一代全球贸易规则将是以区域贸易规则为基础，辅以规范某一领域的诸边贸易规则的发展，通过货物贸易、投资、服务贸易规则的融合逐渐形成新的多边贸易规则②。

全球范围内贸易保护主义态势加剧，一些国家试图通过贸易限制措施解决国内经济面

---

① 夏旭田, 王晓梅, 吴梦晗. 全球贸易缓慢复苏 中国外贸出现局部增长亮点. 21 世纪经济报道, http://www.p5w.net/news/gncj/201706/t20170603_1820541.htm.
② 东艳. 全球贸易规则的发展趋势与中国的机遇 [J]. 国际经济评论. 2014（1）.

临的问题，贸易摩擦明显增多。最新的 20 国集团财长和央行行长会议公报、国际货币基金组织春季会议公报均未能重申"抵制各种形式的保护主义"，显示国际社会共同反对保护主义的共识不断削弱。贸易摩擦的影响进一步凸显，2016 年 6 月，世贸组织、经济合作与发展组织（OECD）和联合国贸发会发布的《G20 贸易投资措施报告》显示，G20 成员近一年来平均每月新采取的贸易限制措施达到 21 项，是 2009 年以来最高数量。截至 2016 年 5 月，G20 自 2008 年以来报告的 1 583 项贸易限制措施中，仅有 25% 被取消，仍有 1 196 项措施在执行之中。单边主义与贸易保护主义的抬头相叠加，2018 的国际贸易摩擦很可能进一步加剧，这给脆弱的世界经济复苏带来了更多不确定性。

据 WTO 统计，我国是贸易保护主义的最大受害国，已经连续 23 年成为遭遇反倾销调查最多的国家，连续 12 年成为遭遇反补贴调查最多的国家，全球约有 1/3 的调查针对中国。2017 年中国共遭遇 21 个国家（地区）发起贸易救济调查 75 起，涉案金额 110 亿美元。2018 年中国面临的贸易摩擦形势复杂严峻。2018 年 1—11 月，中国产品共遭遇来自 28 个国家和地区发起的 101 起贸易救济调查，其中反倾销 57 起，反补贴 29 起，保障措施 15 起，涉案金额总计 324 亿美元。与 2017 年同期相比，案件的数量和金额分别增长了 38% 和 108%。商务部部长助理任鸿斌强调，当前贸易摩擦形势复杂严峻，不确定性上升，围绕多边经贸规则的斗争日趋激烈。2019 年贸易摩擦的力度不会明显减小，尤其是在中美贸易摩擦影响下，数额比较大、影响面比较广的贸易摩擦仍然有增加的苗头。钢铁、有色金属制品、纺织服装等重点产品继续成为贸易摩擦焦点，贸易救济调查涉及面广、涉案金额大，对我国相关外贸企业出口形成严峻挑战。

2. 国内政治法律环境分析

我国加入 WTO 后实行投资自由化，放宽了绝大部分行业的投资市场准入条件，给我国的外贸企业带来了极大的挑战。在面对国内外复杂严峻局势，传统外贸下行压力加大的环境下，我国政府相继出台了一系列支持外贸发展的相关政策。

党的十八大以来，国务院共出台十多个促进外贸稳定增长的政策文件，四个关于对外文化贸易、自由贸易区战略实施等方面的文件。其中 2015—2016 年，国务院先后出台了《关于改进口岸工作支持外贸发展的若干意见》《关于加快培育外贸竞争新优势的若干意见》《关于促进跨境电子商务健康快速发展的指导意见》《关于促进进出口稳定增长的若干意见》《关于促进外贸回稳向好的若干意见》等，部署在新形势下进一步加强和改进口岸工作，进一步推动对外贸易便利化，改善外贸企业经营环境；进一步降低短期出口信用

第3章 传统外贸企业在跨境电子商务环境下面临的问题分析

保险费率、调整完善出口退税政策,为外贸企业减负助力;大力支持外贸企业融资、实行积极的进口政策,促进进出口稳定增长;加快发展跨境电子商务,推动外贸稳定增长和转型升级,推动我国外贸由规模速度型向质量效益型转变,培育国际竞争新优势,促进经济平稳健康发展。

2015年8月18日,国家税务总局发出通知,从四方面提出16项具体措施,持续优化出口退税服务。国家税务系统主要通过实施出口企业分类管理、审批权限下放、审核程序简化、明确出口退税工作规范等措施,提高退税效率,推动对外贸易便利化,从而支持外贸稳定增长。2015年11月25日,海关总署出台了《海关总署进一步促进外贸稳定增长若干措施》,促使通关服务更加便捷高效。2016年6月8日,国家质检总局印发《关于发挥检验检疫职能作用促进外贸回稳向好的通知》,提出12条措施以加大工作力度,培育外贸自主品牌,提升出口产品质量,支持外贸新业态发展,促进贸易便利化,强化国外技术性贸易措施的研究和应对,加强对外合作,推动降低技术性贸易壁垒。2016年12月26日,商务部印发了《对外贸易发展"十三五"规划》,旨在推动外贸调结构转动力,向优质优价、优进优出转变,巩固贸易大国地位,推进贸易强国进程。

党的十九大报告提出要"拓展对外贸易,培育贸易新业态新模式,推进贸易强国建设",为我们做好外贸工作指明了方向。近年来,我国全覆盖性外贸扶持政策的推行,使得进出口企业负担明显减轻,出口退税进度加快,加工贸易梯度转移加快,出口信用短期险渗透率提升到17.8%,通关无纸化比例提高至95%。2018年3月5日《政府工作报告》中指出我国已建成13个跨境电子商务综合试验区。2018年7月,根据国务院的批复,我国又新增了北京、呼和浩特、沈阳、长春、哈尔滨、南京、南昌、武汉、长沙、南宁、海口、贵阳、昆明、西安、兰州、厦门、唐山、无锡、威海、珠海、东莞、义乌等22个城市的跨境电子商务综合试验区。中国跨境电子商务综合试验区的先行先试,通过制度创新、管理创新、服务创新和协同发展,破解跨境电子商务发展中的深层次矛盾和体制性难题,打造跨境电子商务完整的产业链和生态链,逐步形成一套适应和引领全球跨境电子商务发展的管理制度和规则,为推动全国跨境电子商务健康发展提供可复制、可推广的经验,有力地推动了未来我国外贸增长。

3.1.2 经济环境分析(E)

1. 世界经济复苏加快,但增长动力不足

金融危机爆发以来,经过近10年的调整,世界经济逐步恢复缓慢增长,发达国家经济形势持续好转，新兴市场国家经济总体企稳回升，印度等国家工业化进程发展加快，经济持续快速增长。在发达国家需求回暖、大宗商品价格上涨的支撑下，俄罗斯、巴西等国家经济走出衰退并进一步改善。世界贸易组织数据显示，受全球各地区尤其是亚洲地区进口需求增长影响，2017年全球贸易增长4.7%，比2016年高出4.5%，是2011年以来最大增幅。但全球GDP平均增速仅为3.5%，与金融危机前水平相比仍有较大差距，低于危机前5年1.6个百分点。而世界贸易组织在2019年4月2日发布的最新一期《全球贸易数据与展望》报告中指出，受贸易摩擦升级和经济不确定性加剧等因素影响，2018年全球贸易增长3.0%，远低于预期，而且今明两年全球贸易增长仍将面临巨大压力。传统增长模式动力减弱，结构性改革滞后，新一轮科技创新尚未形成有效的经济驱动力，生产效率下降，有效需求不足。发达国家存在的虚拟经济过度发展、社会福利负担沉重及产业空心化等问题难以有效解决，转型成本居高；部分新兴经济体和发展中国家产业结构单一，财政金融状况脆弱，转型升级面临内部体制机制与外部需求环境等方面因素的制约，全球经济结构性调整困难。欧美等发达经济体经济波动幅度增大，新兴经济体经济增速下滑，一些国家人口老龄化趋势加剧，传统劳动力对经济增长的贡献下降，消费增长出现疲态，同时政治领域重要变化对经济的消极影响有所增大，经济全球化出现波折，经济减速风险上升。

2. 全球贸易前景面临挑战

世界贸易组织将2019年全球贸易增长预期由此前的3.7%大幅下调至2.6%。世贸组织总干事阿泽维多在2019年《全球贸易数据与展望》发布会上表示，在当前贸易形势下，应该没有人会对本次下调预期感到意外。升级的贸易紧张局势是主要的因素，更多不确定性意味着投资和消费的减少，特别是投资（的减少），对于贸易有很大的影响。世贸组织在其2019年度预测中表示，新关税和报复性措施、经济增长放缓、金融市场波动以及发达国家货币环境收紧，拖累了贸易。可见，世界经济增长乏力、国际市场需求低迷、英国脱欧及特朗普当选等"黑天鹅"事件频发、贸易保护主义抬头、各国货币政策分化，尤其是中美贸易战等经济和政治层面因素将抑制未来国际贸易增长。此外，美元汇率走强、新兴市场低迷、金融市场动荡幅度加大，跨国投资波动性增强，全球地缘政治矛盾加剧，国际贸易复苏的不确定性进一步增加。

3. "一带一路"建设带动中国与各国经贸发展

中国提出的"一带一路"倡议在国际上得到积极的响应，五年来已与150多个国家和

第3章 传统外贸企业在跨境电子商务环境下面临的问题分析

国际组织签署共建"一带一路"合作协议。以"共商共建共享"为原则,以"五通"为引领,以"一带一路"为核心,努力打造面向全球的高水平自由贸易网络,经贸合作领域成效尤为显著。商务部新闻发言人高峰介绍,2013—2018年,我国与"一带一路"沿线国家的贸易额累计超过6.5万亿美元,其中,2018年达到1.3万亿美元,增长16.3%,高于我国外贸整体增速3.7个百分点。我国成为25个沿线国家的最大贸易伙伴。目前"一带一路"地区的贸易投资飞速发展,中国和沿线国家之间的贸易额占我国货物贸易总额的比例达到27.4%;2013—2018年中国企业对沿线国家直接投资超过900亿美元,年均增长5.2%,并和17个国家建立了双边电子商务合作机制,在沿线国家建立了上百个从事跨境电子商务业务的海外仓。跨境电商等新业态、新模式也为"一带一路"贸易畅通提供了新的动力,"丝路电商"正在成为国家间经贸合作的新渠道。我国与"一带一路"沿线国家的贸易合作潜力正在持续释放,成为拉动我国外贸发展的新动力。

中国积极与各国在推进"一带一路"建设中寻找新的合作机遇,建立高标准的区域贸易和投资自由化协定,高度重视中欧投资协定、中美投资协定及未来可能开展的中欧自贸协定谈判,不断深化中欧、中美之间在贸易投资领域合作关系,加快中日、中日韩自贸谈判,推动区域全面经济伙伴关系(RCEP)谈判等取得进展,营造良好的外部环境,在稳定外需的基础上促进经济稳定健康发展,推动各方经贸关系进入良性发展的态势。

4. 中国经济处于"新常态"发展阶段

经过改革开放40年来的发展,中国综合国力显著提升,目前已成为世界第二大经济体、第一大货物贸易国及世界第一制造业大国。世界经济论坛《2018年全球竞争力报告》显示,中国在全部138个经济体中排名位列第28位,综合竞争力居于世界前列、全球新兴经济体之首,在人均购买力平价计算的"市场规模"上,中国居于全球首位,在创新能力、信息技术应用和基础设施领域也有较为突出的表现。2016年中国占国际市场份额达到13.2%,自1971年以来均未有其他国家达到该水平。但由于当前我国人口红利逐步消退,传统劳动密集型出口商品成本不断攀升,"中国制造"的传统比较优势逐步削弱,短期内新的外贸增长点尚未形成,2018年我国全球竞争力排名较2017年下降一位,2019年我国宏观经济增长的压力仍然较大,外贸发展总体形势仍不容乐观,未来一段时期可能保持中低速增长,且更易受国际市场需求变化、外汇汇率涨跌等短期因素影响,波动将更加频繁。

5. 中国外贸企业经济情况

中国大部分的传统外贸企业扎根于沿海城市,利用订单式外贸推动力经济的发展,其中民营企业发挥着重要作用。海关总署新闻发言人、统计分析司司长李魁文介绍，2018年我国民营企业进出口12.1万亿元，增长12.9%，占我国进出口总值的39.7%，比2017年提升1.1个百分点。其中，出口7.87万亿元，增长10.4%，占出口总值的48%，比例提升1.4个百分点，继续保持第一大出口主体地位；进口4.23万亿元，增长18.1%。2018年，我国民营企业对外贸进出口增长的贡献度超过50%，成为我国外贸发展的一大亮点。2018年，我国一般贸易进出口17.64万亿元，增长12.5%，占我国进出口总值的57.8%，比2017年提升1.4个百分点，贸易方式结构进一步优化（见图3-1）。

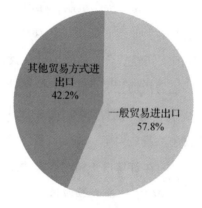

图3-1　2018年中国进出口贸易方式结构

机电产品、传统劳动密集型产品仍为出口主力，其中部分高附加值机电产品和劳动密集型产品出口增长。2018年，我国机电产品出口9.65万亿元，增长7.9%，占我国出口总值的58.8%，比2017年提升0.4个百分点，出口商品结构持续优化。其中，汽车出口增长8.3%，手机出口增长9.8%。同期，服装、玩具等7大类劳动密集型产品合计出口3.12万亿元，增长1.2%，占出口总值的19%（见图3-2）。

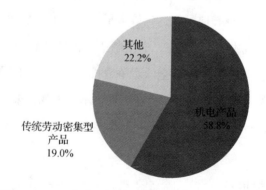

图3-2　2018年中国外贸企业主要出口商品占比情况

第3章 传统外贸企业在跨境电子商务环境下面临的问题分析

但近年来人民币的升值、国内物价严重上涨、原材料成本及人力成本急剧上升等因素，给外贸企业发展带来巨大压力，加重了传统外贸企业经营的困难。

3.1.3 社会文化环境分析（S）

社会文化环境是人类生活方式和需求特征的体现，是影响企业营销的诸多变量中最复杂、最深刻、最重要的变量。社会文化环境分析是指对企业所处的社会教育状况、宗教信仰、价值观念、消费习俗和社会风俗习惯、文化传统、行为规范、审美观念以及人口规模与地理分布等因素的形成和变动情况进行分析。外贸企业的生产营销活动受所处社会文化环境的影响和制约，必须与社会文化环境相适应，满足当地的社会文化风俗习惯，避免社会文化冲突产生。

1. 教育状况分析

联合国教科文组织数据显示，1995年高等教育毛入学率超过15%的国家有68个，其中有29个国家超过35%，而美国则超过了50%，达到普及水平。世界银行数据库数据显示，2009年，美国高等教育毛入学率达到89%，继续位列世界领先水平，而英国达到59%，法国达到55%，日本达到59%。2015年印度高等教育毛入学率也提升到26.88%。目前，世界上高等教育发达国家共有64个，总体来看，高等教育普及化程度较高的国家大部分位于欧洲地区。处于高等教育第一梯队的是美国，实力超强，规模超大；处于高等教育第二梯队的核心国家有英国、德国、法国等；处于高等教育第三梯队的核心国家有挪威、比利时、瑞典、芬兰、丹麦等。世界上高等教育发展中国家共有64个，亚洲国家约占42%，北美洲国家和非洲国家各占19%左右。中国、俄罗斯、印度和巴西都处于高等教育第四梯队。世界上高等教育欠发达的国家共有60个，这些国家的高等教育平均毛入学率约为7.25%，其中，超过70%的国家高等教育毛入学率低于10%。从地域分布来看，绝大部分位于非洲。可见，处于高等教育第五梯队的主要为亚非拉发展中国家，实力比较弱（见表3-1）。教育程度的高低反映了消费者的文化素质，影响消费者信息的接受能力，以及对商品性能、款式、包装和服务的需求标准。如美国、英国等文化教育水平较高的国家或地区的消费者对商品包装及附加功能的要求通常也会较高。因此外贸企业的产品开发、定价和促销等活动都要考虑到所在市场消费者受教育程度的高低，采取不同的策略。

表 3-1 世界主要高等教育国家的实力分布

	国　家	特　征
第一梯队	美国	实力超强，规模超大
第二梯队	核心国家：英国、德国、日本、法国、澳大利亚、加拿大、荷兰、意大利	规模大，实力强
	其他国家：西班牙、葡萄牙	
第三梯队	核心国家：挪威、比利时、瑞典、瑞士、荷兰、丹麦、以色列	规模小，实力强
	其他国家：新西兰、新加坡、奥地利、爱尔兰、希腊、匈牙利	
第四梯队	核心国家：中国、俄罗斯、印度、巴西	大而不强，处于上升期
	其他国家：墨西哥、土耳其、韩国、南非、波兰、阿根廷	
第五梯队	亚非拉发展中国家	实力弱，规模有大有小

资料来源：沈文钦，王东芳. 世界高等教育体系的五大梯队与中国的战略抉择［J］. 高等教育研究，2014（1）.

我国教育部高等教育教学评估中心发布的首份《中国高等教育质量报告》显示，2015年我国高校在校生规模达 3 700 万人，位居世界第一；各类高校 2 852 所，位居世界第二；毛入学率达到 40%，高于全球平均水平。2017 年全国教育事业发展统计公报显示，2017年全国各类高等教育在学总规模达到 3 779 万人，高等教育毛入学率达到 45.7%。据教育部发展规划司司长刘昌亚介绍，2018 年全国共有普通高校 2 663 所，在校学生 3 833 万人。其中，本科院校 1 245 所，比上年增加 2 所；高职（专科）院校 1 418 所，比上年增加 30所。另有研究生培养单位 815 个。各种形式的高等教育在学总规模 3 833 万人。受过高等教育的人越来越多，意味着我国社会文化程度越来越高。既为我国传统外贸企业技术创新战略提供了大量专业的研发人员和设计人员；也为传统外贸企业自有品牌开发提供了精通市场的营销人才和专业的策划人才，更为传统外贸企业提供了能够引领企业在转型后继续发展的高级管理人才。

2. 宗教信仰分析

宗教信仰一种特殊的社会意识形态和文化现象，世界上不同国家、地区和不同民族有着不同的宗教信仰。当前世界三大宗教分别为基督教、伊斯兰教与佛教。基督教形成于亚洲的西部，除了日本之外的主要发达国家，都是基督教文化主导的国家，尤其在欧洲、美洲、非洲、亚洲和大洋洲的广泛地区。伊斯兰教主要传播于亚洲、非洲，在西亚、北非、西非、中亚、南亚次大陆和东南亚最为盛行。佛教主要分布东亚、东南亚中南半岛、新加坡等地区。宗教是构成社会文化的重要因素，宗教对人们的生活态度、生活方式、消费需求和购买行为产生重大影响，有些宗教组织甚至对教徒的购买决策具有决定性的作用。不同的宗教有着自己独特的节日礼仪、商品使用要求和禁忌，尤其是伊斯兰教有着独特的风俗习惯。因此，外贸企业在生产经营活动中应注意到不同的宗教信仰和文化习俗，可以把影响大的宗教组织作为重要公共关系对象，尊重当地的宗教信仰，以避免由于文化矛盾和冲突所给企业生产经营带来的损失。

3. 价值观念分析

价值观念是指人们对社会生活中各种事物及行为结果的态度和看法。价值观念对行为动机有导向的作用，同时也反映了人们的认知和需求状况。人们对商品的需求和购买行为，深受其价值观念的影响。不同国家不同文化背景下，人们的价值观念往往存在很大的差异。不同价值观念的消费者对同样的商品的功能、式样、色彩、标识以及促销方式可能会有褒贬不一的评价。如美国人喜欢新事物，注重产品的新颖独特，容易接受新产品新技术。而许多欧洲国家传统观念较强，对新产品常常持保守和怀疑态度。美国、日本及西欧等经济发达、生活节奏较快的国家时间观念强烈，能够节省劳动节约时间的商品和服务深受欢迎，如快速方便食品、家务劳动社会化和机械化等。而中东、非洲、拉丁美洲、南亚和东南亚等地区的时间价值观念较为淡薄，这些地区的消费者偏好的是商品的物美价廉、适用性强和经久耐用等。以东亚国家为代表的东方文化提倡"节俭观"，而以美国为代表的西方文化则崇尚"享受观"。信用消费、高消费商品和服务等在提倡"节俭观"地区较难打开市场；而崇尚"享受观"地区的新产品和新消费方式潮流的更替速度较快，文娱性产品和服务的需求量较大，奢侈商品和高档名牌商品的销售也较具规模。所以传统外贸企业必须了解目标市场消费者对时间、财富、物质享受、新事物和冒险等方面的态度和看法，针对不同消费者的价值观念设计产品和提供服务，及时调整策略，灵活适应不同国家和地区的价值观念。

4. 消费习俗分析

消费习俗是指消费者受共同的审美心理支配，在长期的经济与社会活动中所形成的一种人类群体消费方式与习惯。消费习俗促成了消费者购买心理的稳定性和购买行为的习惯性，强化了消费者的消费偏好。不同民族、不同人种、不同地域、不同宗教、不同职业的人们都有着自己独特的消费习俗。不同的消费习俗，具有不同的商品要求。如一般黑种人爱穿浅色的衣服，白种人爱穿花衣服，黄种人爱穿深颜色的衣服。白领服饰的选择主要考虑大方庄重、舒适方便，而蓝领则可能倾向选择结实耐穿、物美价廉的服装。有的地区以大米为主食，有的地区则以面粉为主食，有的地区嗜辣，有的偏爱甜食。传统外贸企业需要研究目标市场消费者的禁忌、习惯、避讳等消费习俗，以识别和发现市场机会和市场障碍。

3.1.4 技术环境分析（T）

技术环境是指企业所处环境中的科技要素及相关的各种社会现象的集合，包括引起革命性变化的发明，与企业生产相关的新技术、新工艺、新材料的出现和应用背景，科技水平和科技发展趋势，国家科技体制和科技政策等。传统外贸企业能否成功转型升级还取决于在当前技术环境日新月异的情况下企业能否及时调整战略决策，获取新的竞争优势。

新世纪以来科技创新速度日益加快，创新周期和产品更新换代的间隔时间越来越短。网络技术的应用和广泛普及促使商品生产和交易的各个领域快速转向自动化和电子化，基于互联网的电子商务正在颠覆传统的国际贸易方式和格局，迫使传统的外贸交易方式必须进行创新性的变革。互联网科技为消费者和企业提供了网上银行、移动商务等更多创新性的产品与服务，改变了传统的分析渠道，大大减少了流通环节，降低产品和服务的交易成本，提供了 Banner（横幅广告）广告条、CRM（Customer Relationship Management，即客户关系管理）等全新的与消费者沟通的模式。物联网、云计算、AI（Artificial Intelligence，即人工智能）等技术推进大数据发展，让企业更容易了解消费者，也让消费者更容易知晓企业和品牌。越来越多的传统外贸企业都利用电子商务来降低成本，提高效率，增加贸易机会，"互联网+外贸"具有巨大的发展前景。

在科技进步日新月异的今天，知识产权的地位愈发重要，我国也从法律和制度层面加强了对知识产权和品牌的保护。而在贸易保护主义抬头的形势下，国外纷纷采取不合理知识产权措施等构筑外贸企业也加强了对技术贸易壁垒的了解并提出了应对措施

3.2 基于五力模型的内部环境分析

波特五力模型可以有效分析传统外贸企业所处的行业竞争环境，这些竞争压力的基本来源，可以帮助企业找准自己在产业中的定位，凸显企业自身最强和最弱的环节，理清企业战略变动所能产生的最大效益及所在行业的走向，以确保企业能够把握最重要的机会或威胁，为传统外贸企业在跨境电商环境下的转型升级战略与行动提供参考。以下就对跨境电商环境下传统外贸行业中存在同行业的竞争、潜在进入者的威胁、替代品的威胁、供应

商以及购买者的讨价还价能力等五种决定竞争规模和程度的力量进行内部环境分析。

3.2.1 同行业的竞争

传统外贸企业行业内的竞争异常激烈，对于企业自身来说是最大的威胁，它们往往通过价格、产品品质、广告、销售网络、售后服务等各个方面来形成竞争关系，力图占据有利的市场地位，争夺更多的消费者。

传统外贸企业大多还处于单打独斗的状态，技术、品牌影响力等各方面水平有限，尚未形成核心竞争力，在工艺上相互仿制，产品和服务同质化现象严重，还有的企业以 OEM 为主。随着国际市场环境的恶化，各个企业只能通过价格战来获取竞争优势，但是低价格并不是核心优势，行业内的价格战最终只会导致整个行业的利润水平更低，在这种恶性竞争下，企业不得不靠压缩成本来维持正常的经营发展。因控制成本，忽视了创造创新带来的价值，所以造成产品单一、式样老旧，跟不上消费者需求的差异性，导致库存积累和资源浪费的恶性循环。

通过对目前传统外贸企业的经营环境及竞争态势分析来看，整个行业的激烈竞争由于人民币升值、劳动力成本的上升变得愈发白热化，企业的利润空间被进一步被压缩，因此只有经营管理良好、敢于创新的一些企业能继续保持不错的成绩。同时电子商务正在引领国际贸易新格局，颠覆着旧有竞争格局，也为传统外贸企业获取新的竞争优势提供巨大机遇。传统营销模式已经逐渐被摒弃，因此，传统外贸企业寻求转型升级迫在眉睫，需要从自身出发，对市场准确定位，充分了解市场形势和同行业竞争态势，抓住跨境电子商务带来的机遇，找到市场突破口，建立自己的核心竞争优势，以此获得市场先机，进而扩大市场份额，为自己争取到新的生存和发展空间。

3.2.2 潜在进入者的威胁

新进入者能给行业带来新生产能力和新资源，同时也会与现有外贸企业发生原材料与市场份额的竞争，使各企业所能获得的利润减少，最终导致行业中现有企业盈利水平下降，严重的还有可能威胁这些企业的生存。潜在竞争者进入威胁的严重程度取决于两方面的因素：行业进入壁垒高低及预期现有企业对于进入者的反应大小。行业进入壁垒的主要形式有产品差异（品牌忠诚度）、绝对成本优势、规模经济、转换成本、政府政策、必要资本量和网络外部性等。进入壁垒越高，潜在竞争者进入该行业的可能性就越小，威胁就越低。预期现有企业对进入者的反应，主要是指现有企业采取报复行为的可能性大小，他们可能会通过降低价格等措施来迫使新进入者退出市场。

当前，我国传统外贸企业大多属于低附加值的行业，产品技术含量低，自己的开发设计和品牌建设程度有限，容易复制，产品同质化严重，顾客转移成本较低。而加入 WTO 后，随着国家对外贸经营权的放开，允许个人可以开展外贸经营活动，原来外贸企业唯一依赖的外贸专营权壁垒早已不复存在，2014 年公司法修订以来对公司设立条件的放松，潜在竞争者的进入风险很高。另外，一些实力雄厚的大型跨国企业凭借自身的管理和技术优势，纷纷在华投资设厂，直接参与国外市场的竞争，竞争程度愈加激烈。

3.2.3 替代品的威胁

替代品是指能够实现同种功能或带给消费者近似满足度的其他产品，传统外贸企业基本上都会受到替代品的威胁从而限制企业的潜在利益获取。替代品价格越低、质量越好、用户转换成本越低，其所能产生的竞争压力就越强。目前我国传统外贸企业的大部分产品都处于产业链的低端，附加值低，技术门槛不高，几乎不存在技术壁垒，产品容易被仿制，创新研发没有质的突破。处于被众多替代品挤压的环境中，行业利润空间被压缩，企业盈利能力难以提高。随着人们对产品要求的提高，产品更加趋向品牌化，优质企业主要通过品牌战略，并生产附加值高的高端产品来拓展市场，对中低端产品形成了巨大的冲击。因此我国传统外贸企业应提高产品的设计能力，生产附加值高的产品，提升产品知名度，做好软实力的升级寻求新的利润通道，从而降低替代品的威胁，才能在激烈的竞争中存活和发展。

3.2.4 供应商的讨价还价能力

由于我国传统外贸企业出口产品集中在中低端，市场内部竞争激烈，因而造成了面对供应商时没有足够的讨价还价能力。对于没有外贸直销能力的生厂商而言，由于其对贸易型外贸企业有一定的依赖性，因而议价能力相对较弱；而拥有外销能力的生产企业则具有较强的讨价还价能力，因为这部分供应商拥有自己的销售渠道，可绕开外贸公司这一环节，自行开展出口业务，所以他们会有选择性地与外贸企业合作，尤其是在跨境电子商务环境下，已成为传统外贸企业强有力的竞争对手。

传统外贸企业的实力和规模也是影响供应商讨价还价能力的重要因素。如果外贸企业规模够大，可供选择的供应商数量就较多，供应商的讨价还价能力相对就会较弱；如果可开展长期合作，供应商会综合考虑风险等因素，其讨价还价能力也会受到抑制。另外，在产品的旺季和淡季，供应商的讨价还价能力也会有所不同。近年来，沿海地区工厂缺工现象十分严重，工人工资水平和劳动保险基数持续上升，原材料价格也在不断上涨，导致厂商生产成本持续攀升，供应商涨声不断。而且一旦外贸企业与国外客户确认了订单，转移成本很高，供应商的讨价还价能力增强。

3.2.5 购买者的讨价还价能力

大进口商和批发商的讨价还价能力较强，而二级批发商甚至零售商单一购买的平均规模较小，其讨价还价的能力也较弱。大部分传统外贸企业认为国外购买者在讨价还价时具有一定的主动权。随着我国出口产品市场的逐步开放，对中国市场有较深了解的国外采购商，尤其是美国、欧盟等跨国大型采购商利用自己的品牌优势，对全球的生产资源进行整合，将订单放在成本最低的供应国。我国大部分传统外贸行业所经营的都是劳动密集型产品，产品同质化现象严重，购买者转移成本很低，很容易在供应商之间交替压价。同时，我国大部分传统外贸行业拥有巨大的产能需要国际市场来消化，销售渠道严重依赖国外的采购商，为了取得订单，国内传统外贸企业只能不断压缩利润空间。所以购买者的选择余地越来越大，讨价还价能力也就随之越来越强。

综上可见，我国传统外贸企业所面对的五种竞争力量都有不同程度的增强趋势，整体竞争环境恶化，面对市场的议价能力和盈利能力均受到限制，需要借助跨境电子商务降低经营及采购成本、加强开发创新等尽快形成自己独特的竞争优势，以摆脱目前困境，实现快速持续发展。

3.3 传统外贸企业在跨境电子商务环境下的 SWOT 分析

跨境电子商务作为我国对外贸易发展的新引擎，正在政策春风下对我国外贸产业格局改变发挥着重要作用。在此背景下我国传统外贸企业的转型升级之路机遇与困难并存，存在许多不确定性。因此有必要深入了解跨境电子商务对传统外贸企业的影响，分析企业自身的实力及与竞争对手比较的优劣势，分析外部环境的变化及对企业的可能影响所带来的机会与威胁，充分发挥其中的价值和空间，从而助推跨境电子商务环境下传统外贸企业的成功转型升级。

3.3.1 传统外贸企业内部优势分析（S）

跨境电子商务环境下我国传统外贸企业主要有以下优势条件。

1. 丰富的外贸行业经验

我国传统外贸企业积累了丰富的开拓国际市场的经验，比较熟悉国际贸易规则、惯例和实务，有较强的防范国际、国内市场风险和成本费用控制的技能。长期的外贸经验使企业对产品的对外贸易特性、国外市场需求特点有着深刻的理解，对行业发展趋势有着准确的把握。

2. 资源占有方面的优势

劳动力资源丰富是我国传统外贸企业最大的优势所在，我国传统外贸企业多属于劳动密集型，企业劳动力成本比较低，加上我国资源丰富、原材料价格相对低廉等诸多生产因素的优势，构成了产品成本低，销售价格低的优势。

3. 完善的产业组织体系

在产业组织体系方面，大型外贸企业和中小型外贸企业已经建立起长期稳定的专业分工与协作体系。中小型外贸企业以其灵活而专业的生产和经营，给相应的大型外贸企业带来协作一体化的好处，大大节约了成本，获得了高额利润。知识经济时代下的产业结构正从资本密集型转向技术、知识密集型，这些新兴产业以知识为核心竞争力，为众多技术型的传统外贸企业的发展提供了广阔空间。

3.3.2 传统外贸企业内部劣势分析（W）

1. 观念落后，缺乏适应市场经济的现代企业制度，体制、机制与市场化要求仍有差距

传统外贸企业虽然在管理创新方面取得一定成绩，但许多企业观念落后，缺乏适应市场经济的现代企业制度。由于受到各种政策性、制度性因素的影响，因此依然存在着许多涉及体制机制的深层次管理问题，如市场化管理体制、决策机制、内控机制、用人机制、竞争机制、退出机制和考核激励机制等都不同程度地制约了传统外贸企业的发展。企业的活力、管理和决策效率不高，与激烈的市场竞争环境和企业的持续快速、健康发展的要求不相适应。

2. 盲目跟风，缺乏跨境电商全局意识

跨境电商迅猛发展的市场背景下，许多传统外贸企业看到同行企业纷纷加入跨境电商

第3章 传统外贸企业在跨境电子商务环境下面临的问题分析

平台，便盲目地选择平台跟风，而未考虑该平台的特点和优势以及企业自身的实际情况、产品类别和受众群体等情况。对跨境电商的认识也不清晰，误以为只是随便找几个网站平台发发广告而已，没有积极进行跟进和维护，未能及时回复询盘，对于如何充分发挥跨境电商的效用，如何开拓业务，如何才能达到最佳效果，没有认真思考与研究，最终发现平台推广效果不尽人意。

3. 缺乏高级管理人才和跨境电商人才，缺乏必要的企业文化建设，人才流失严重

懂外语、懂业务和懂管理的复合型人才缺乏，靠部分骨干支撑业务的现象明显。由于传统外贸企业机制缺乏活力，激励不足，又缺乏必要的企业文化建设，因而当同业竞争者采用高薪条件挖人时，企业业务骨干容易流失，并带走大批客户，导致公司失去重要市场而蒙受重大损失。许多传统外贸企业人力资源（特别是跨境电商人才）的储备不足，新员工到岗后，需要一个较长的培训期，并不能马上为公司所用，因此，人力资源不足客观上制约了传统外贸企业业务的增长。此外传统外贸企业人力资源管理方面还存在观念落后和现有人员对职业前途感觉不明朗的问题，以及现有人才缺乏发展后劲的问题。

4. 品牌缺乏竞争力，行业知名度低

传统外贸企业长期以粗放型经营为主，大多只是不断地按照传统发展模式进行相应的企业内部整顿，普遍没有建立自己产品的品牌，缺乏品牌意识和品牌经营的经验，缺乏市场化的运作，导致自主品牌的市场影响力不足，产品品牌知名度不高，在国际市场上享有知名度的品牌屈指可数。大部分出口产品多为技术含量和附加值较低的初级产品，难以在激烈竞争的国际市场上立足，更难以适应个性化、多样化、流行化和品牌化的国际市场需要。要改善以上局面须进一步加强品牌建设，提高品牌忠诚度，形成名牌效应。

5. 创新能力弱，产品技术含量低

技术创新能力弱，技术水平低，已成为传统外贸企业发展的关键问题。我国传统外贸企业大多数还属于半机械化为主的劳动密集型企业，对创新环节的重视不足，设备陈旧，技术开发环节的投入经费少，导致技术进步对产出增长的贡献低，技术改造和产品开发能力弱的问题普遍存在。尤其是中小型传统外贸企业在资金、税收、土地使用、人才政策等方面缺乏支持，在新产品研究开发上处于劣势，不少企业还仅限于开展出口订单的 OEM。许多传统外贸企业缺乏创新意识，忽视了提高企业竞争力的作用，没有专门的研发部门和流程改善部门，缺乏属于自己的新技术、新产品、新知识产权，生产技术及产品大多是同业间的规模效仿，或宁愿选择一些保守的技术创新战略，而不愿尝试自主创新战略，拥有的自主知识产权少，产品附加值低，严重影响了传统外贸企业的创新能力，使得企业技术停滞不前。

6. 产品缺乏核心竞争力

传统外贸企业参与国际竞争主要依靠数量和价格优势，而不注重产品开发、改进营销和提高产品附加值，产品缺乏核心竞争力。出口产品结构雷同，地区内低水平重复建设，产业升级换代慢，产品差异化程度低，缺乏品牌产品。最终会导致传统外贸企业较少选择开发新产品、提高产品质量等竞争手段，而只是单纯依赖于价格竞争，造成恶性循环，产业的利润下降。缺乏高端的产品，没有形成核心竞争力，目前的产品结构难以适应国外消费者的高档化、时尚化、个性化的发展趋势要求。

7. 风险防范意识差，缺乏行业规避机制

传统外贸企业目前大多缺乏必要的风险防范意识，还没有建立行业风险的规避机制，更没有将出口风险与业务人员的经济利益有机的结合起来。而国际贸易是风险很高的行业，稍有疏忽就会造成重大损失。

8. 经营模式单一陈旧

多年的生产贸易习惯使得传统外贸企业的生产经营模式与产品均较传统，经营模式、经营品种单一，企业实力不足，难以适应知识经济和网络经济时代企业发展的需要，在目前激烈的竞争面前，也很难通过有效运作站稳脚跟。随着网络技术的发展和普及，国际贸易交流平台增多，旧有优势将不复存在。

9. 债务沉重，缺乏融资能力

传统外贸企业的债务形成有很多原因，如政策行为、市场变化、自身经营失误等，沉重的债务压在企业身上，使其难以维持正常的生产经营，由于经济效益差，因此银行等金融机构很难给予资金支持。随着进出口业务的滑坡，许多企业已经濒临破产。

3.3.3 传统外贸企业外部机会分析（O）

1. 工业制造能力的支持

对于传统的外贸企业而言，跨境电子商务下的转型升级离不开本国强大的工业制造实力的支持。丰富廉价的劳动力资源和庞大的市场及消费需求促进了中国制造业的大发展，目前中国已经形成了相当完备的工业经济体系，成为规模世界第一的制造业大国。2017年我国规模以上工业增加值同比增长6.6%，其中电子和装备制造业工业增加值分别增长

13.8%和10.7%，在产品质量、科技含量、清洁环保等方面有了显著的进步，制造业向中高端迈进，在世界分工体系之中占据着越发重要的地位，使得我国传统外贸企业相对其他国家的竞争对手拥有更大的产品竞争优势。

2. 跨境物流的高速发展

跨境物流是推动跨境电子商务的发展的重要环节。在跨境电子商务的刺激推动和政府政策的倾斜下，跨境物流取得长足发展，大批第三方物流涌现，主要以国际小包和快递、海外仓储和聚集后规模运输这三种物流模式为主，实现高效率低成本、少批量多频度的配送。一些大型的物流供应商除常规的仓储、运输、报关外，还提供采购货源、产品营销、大数据分析等增值服务。2010年以来我国陆续开放了18个跨境电子商务的试点城市：上海、重庆、杭州、宁波、郑州、广州、深圳等，企业可以将商品存入这些城市的保税仓内，直接从境内发货，一条龙的仓储物流跟踪服务为发展跨境电商提供了便利的物流配送。逐渐畅通的国际商流、物流以及迅速提升的产品运输速度和物流监管力为跨境电商的发展配套了便捷有保障的物流支持，为外贸企业提供了更多的成交机会，提升了用户体验，为传统外贸企业的发展打开了一扇新的窗口。

3. 跨境支付结算手段的日渐完善

跨境支付结算主要以线上支付（包括各种电子账户支付方式和国际信用卡）和线下汇款两种方式为主。其中最受青睐的支付工具为Paypal等第三方支付平台，其快速发展有效解决了原有支付模式手续繁琐、额度小、周转时间长、费率成本高等问题，为传统外贸企业向跨境电商转型升级提供了必要条件。2015年国务院办公厅印发的《关于促进跨境电子商务健康快速发展的指导意见》中提出：完善电子商务支付结算管理，稳妥推进支付机构跨境外汇支付业务试点，鼓励境内银行、支付机构依法合规开展跨境电子支付业务，满足境内外企业及个人跨境电子支付需要，推动跨境电子商务活动中使用人民币计价结算。这一政策利好为跨境支付结算提供了更多样和更有保障的支付机制，给企业进出口和个人跨境消费带来了便利。因此，随着跨境电子支付模式的日益成熟，跨境支付市场规模日益扩大，程序的不断简化、方式不断多元化以及功能的不断扩大，为传统外贸企业在跨境电子商务环境下转型升级带来了巨大的便利和商机。

4. 互联网渗透率的提升和消费模式的转变

随着人民生活水平提高和消费观念的改变，网络服务基础设施的普遍和互联网渗透率的急剧上升，网购、团购、海淘等新型消费模式兴起。通过互联网和移动端购买消费受到越来越多人的青睐,网购也成为人们生活中不可缺少的一部分。2013年我国已成为全球最大的电子商务市场,也成为世界第三大的跨境网购市场。中国无疑是全球最具生机活力和发展潜力的跨境电商进口市场。跨境电商的出口交易对象也遍布全球各个国家,传统外贸企业可借助跨境电子商务手段,在原有基础上不断开发更多的新兴市场如阿根廷、以色列、巴西、俄罗斯等国家,发掘更多具有潜在消费能力的人群。随着中日韩自贸区协定落地,协定中纳入了电子商务、环境、合作,这也将拓展更多海外市场。

据 Statista 数据,2019 年全球最大的 10 大电商市场分别是:美国(5610 亿美元);中国(7400 亿美元);英国(930 亿美元);日本(870 亿美元);德国(770 亿美元);韩国(690 亿美元);法国(550 亿美元);加拿大(440 亿美元);俄罗斯(190 亿美元);巴西(160 亿美元)。根据 PayPal 最新研究结果显示,美国、英国、德国、澳大利亚和巴西五大跨境电子商务目标市场对中国商品的网购需求在 2013 年达 679 亿元,只占大陆跨境零售出口总额(2 万亿元)的 7‰,2018 年,这一数字翻了两倍,激增至约 1,440 亿元。并且 2013 年数据显示,我国跨境电商的交易额目前仅为美国的一半不到,增速十分可观。iiMedia Research(艾媒咨询)数据显示,2018 年中国跨境电商交易规模达到 9.1 万亿元,用户规模超 1 亿户,预计 2019 年将达到 10.8 万亿元。对中国在线出口商品需求增长最为迅速的是巴西。巴西人口众多,其中的网民数量超 1.19 亿人,2013 年至 2018 年,巴西消费者从中国跨境网购商品的价值总额从 18 亿元升至 114 亿元,增幅将近 7 倍。2018 年我国与柬埔寨、科威特、阿联酋、奥地利等国跨境电商交易额同比增速均超过 100%。可见跨境电商未来发展空间十分巨大,传统外贸企业需要走出国门,布局海外市场,逐渐建立了立足中国,面向世界的跨境电商模式。

5. 国家政策倾斜

我国政府对对外贸易提供了很多优惠条件,比如出口退税、出口信贷和外汇担保等特殊优惠政策来扩大对外出口。为帮助外贸企业从世界金融危机中复苏,财政部、税务总局共同宣布自 2009 年 4 月 1 日起将提高包括纺织品等在内的商品的出口退税率至 16%。出口退税是通过退回出口的货物在国内各个环节缴纳的税费来达到降低出口商品成本的目的,因这部分成本所占比例较大,所以出口业务量一般会随出口退税率的调整而呈现同方向的变动。

为促进外贸产业转型升级,扶持跨境电子商务产业的健康快速发展,从 2013 年开始,国家相继出台了一系列相关意见和通知。国务院政策的颁布在很大程度上优化了通关流程、落实了跨境电子商务零售出口货物退免税政策、鼓励了外贸综合服务企业为跨境电子商务提供通关、仓储、融资等服务。为实现"互联网+外贸"的新模式发展和促进传统外贸企业借助跨境电商转型升级营造了良好的市场和氛围。

6. 我国经济仍将保持持续良好增长态势，世界经济呈现复苏态势

为扩大内需和发展经济，我国长期实行适度宽松的货币政策和积极稳健的财政政策。在这种政策指导下，各级地方政府加大投资力度，纷纷采取各种促进经济发展的政策措施。随着国家各项改革措施的相继出台和"十二五"计划的实施，国家在不断为经济增长注入新的动力和活力，使得持续成长的国内生产能力和不断扩大的市场需求为对外贸易的发展创造良好的基础和条件。

历经10年，全球经济终于渐次摆脱危机阴影，进入复苏换挡的关键阶段，并有望借助政策搭配的重心转移，实现从"脆弱慢增长"向"稳健快发展"的长期状态转换。全球经济正开启新一轮复苏和增长周期。近期，包括IMF（国际货币基金组织）、世界银行和经济合作与发展组织三大权威机构均表示对世界经济的发展持乐观态度。经济的复苏伴随经济全球化的特点，这都给我国传统外贸企业的升级转型提供更为广阔的空间和方式，在经济复苏形势下，我国传统外贸企业一定要抓住跨境电子商务腾飞的机遇，进而发展自身优势项目。

7. 新兴市场拥有广阔的发展空间

长期以来，我国同新兴市场的贸易范围和规模相对来说较小，而伴随世界经济的复苏，以及经济全球化和多元化的发展态势，我国已经越来越重视在新兴市场中不断加大投入和贸易来往。我国倡导的"一带一路"建设，将进一步激发新兴市场活力。对于传统外贸型企业而言，虽然当前新型市场的国际市场贸易比重并不算高，但是，由于其拥有更为宽广的发展空间和发展机遇，因此传统外贸企业应该要重视并把握这一机遇，结合新兴市场特点，借助跨境电子商务，进行自身贸易经营的升级转型。

3.3.4 传统外贸企业外部威胁分析（T）

1. 贸易保护主义抬头，国际经济政治动荡

世界贸易保护主义逐步升级，我国面临愈加严重的贸易摩擦问题。一些发达国家，甚至少数发展中国家，不断对我国发起反倾销、反补贴及特别调查，严重阻碍了我国出口贸易的正常发展。此外，环保、卫生、劳工标准也越来越成为贸易摩擦的原因之一。新形势下出现的这些贸易保护主义及措施对我国出口贸易发展形成不公正的外部环境。贸易壁垒和贸易摩擦加剧，已经俨然成为传统外贸企业对外贸易的巨大挑战。

2017年，全球经济增速创下2011年以来最快，但进入2018年，全球贸易保护主义威胁与地缘政治风险有所上升，当前的中美贸易紧张局势令人颇为忧虑。世界经济发展存在着许多不稳定因素，在世界上很多地方，比如一些欧元区国家，中期经济前景依然令人失望。货币政策方面，IMF认为，随着英国央行和美联储减少量化宽松活动并提高利率，英国和美国的正常货币状况预计将是平稳的，不太可能引起市场波动。但在地缘政治上，IMF和世界银行都认为全球政治风险正在对经济造成威胁。IMF还称，日益增长的反全球化运动势头是全球经济复苏的主要威胁之一，这将使生产力和生活水平受到威胁。包括因为政治因素带来的贸易壁垒，孤立主义的增加，以及潜在的军事行动升级等。世界银行表示，另外一个重要的经济风险来自于科技的发展，包括发达和发展中国家内部不平等现象日益增加，以及无法适应新技术的变革。这些外部环境的不确定性都将给传统外贸企业转型升级带来阻碍。

2. 缺乏成熟的国际电子商务交易平台

随着电子商务的兴起和快速发展，涌现了大量的第三方电子商务交易平台。这些电子商务平台作为买卖双方交易过程中的桥梁，为买卖双方提供信息中介、促成订单到支付、物流等一系列业务的全方位服务。虽然我国已有许多传统外贸企业通过互联网电商平台进行产品推广和跨境市场营销，但在国际贸易的结算、物流、检疫、通关等环节上提供系统服务的第三方国际电子商务交易平台仍未建立。而在许多发达国家和先进地区，已经建立了官方的国际电子商务交易平台来为外贸企业提供一站式服务。我国传统外贸产业在跨境电子的转型升级，急需成熟系统的国际电子商务交易平台配套支持。

3. 强势电商巨头的寡头垄断

跨境电商发展虽然处于蒸蒸日上，发展跨境电商的外贸企业和第三方服务平台比比皆是。中国国际电子商务中心研究院院长李鸣涛介绍，近年来中国跨境电商保持了非常快速和平稳的发展。根据中国电子商务研究中心（100ec.cn）的监测数据显示，2017年我国跨境电商整体交易规模（含零售及B2B）达7.6万亿元，同比增长29.91%，增速可观，《2018—2019中国跨境电商市场研究报告》（以下简称《报告》）显示，2018年中国跨境电商交易规模达到9.1万亿元，用户规模超1亿人，预计2019年将达到10.8万亿元，跨境电商企业迎来前所未有的发展机遇。此外跨境电商企业2014年起即已超过20万家，平

第3章 传统外贸企业在跨境电子商务环境下面临的问题分析

台企业超过5 000家。然而在目前的跨境电商跨境零售电商中，亚马逊、eBay、速卖通三大国际电商巨头基本覆盖了欧美、俄罗斯和拉丁美洲市场。国内主流的交易平台有京东、阿里巴巴、苏宁易购、1号店、网易等。这些电商巨头和颇有名气的中小电商平台占据了主流的交易平台和支付系统，企业要想建立独立的交易平台来发展电商业务并占据一定份额十分困难，目前仍需依附在现有的大宗电商平台进行在线服务。这样会使得大量的传统外贸企业进入到单一的平台中，从而造成平台的资源供不应求，受电商平台规则的制约，进而提高传统外贸企业电商化的成本，竞争压力增大。

4. 支付方式不健全

在我国的传统交易模式中，企业通常与上游收购者之间钱货同时进行，而在互联网电商平台下这种方式无法实现，并形成不信任感。这一方面是因为我国整体的金融体系较为落后，另一方面则是交易双方缺乏一个具备公信力的中介，从而使得双方之间的信任问题难以解决。这种不信任感的存在会使得企业在一定程度上拒绝外贸产品的电商化，从而限制外贸产品电商模式的发展。

5. 缺乏行业机制管理

从1997年国内第一个电商网页诞生、1998年最早一批跨境电商B2B网站建立，到如今的跨境电商的快速成长。这短短20年内，跨境电子商务行业的爆发式发展也暴露了许多问题。集中体现在基础信息、通关、商检、结汇、退缴税、跨境交易纠纷的处理，这些问题的解决离不开政府相关部门的监管，而传统的监管模式无法跟上快速发展的新形势，缺乏健全的行业机制管理，阻碍了跨境电商的规范化发展。跨境电子商务法规体系和标准规范体系仍有待完善。

6. 缺乏健全的信用评价机制

虽然跨境电商的快速发展下，流通程序日益完善，交易服务日益便捷，但跨境电商的交易环境相较于国内电商要更复杂，这背后仍存在很大的信用安全问题，许多在线消费者受到虚假网络信息侵害，诈骗金额动辄上亿元。相比普通的境内贸易，跨境电商的交易则更为复杂。在实际交易过程中的跨地域、跨文化、跨法律，隐藏着许多风险隐患。目前我国跨境电商交易没有完善的、标准化的信用体系可以使用，且由于地区的限制，因而各国的信用体系具有明显的差异，发展跨境电商业务的企业缺乏一个共同的信用评价机制，跨境电商的良性有序发展也缺乏一个健全的信用体系。这就使我国传统外贸企业开展跨境电商时要承担一定的信用风险，在解决有可能的贸易纠纷时，处于不利地位。

7. 信息安全防护能力不足

传统外贸企业要开展跨境电商的发展模式，需要通过互联网渠道来完成订单处理及货款支付等业务流程。但是，我国当前很多传统外贸企业的互联网应用技术水平较低，信息安全防护能力较弱，企业的内部数据容易被窃取。由于网络病毒的干扰或者黑客入侵，因而对跨境电商全程掌握稍有不慎或者操作不当，都会导致企业出现难以预估的巨大损失。我国企业开展跨境电商活动受国际互联网黑客攻击而造成的经济损失高达每年 20 亿美元左右。2017 年 3 月 14 日，跨境电商 ERP 遭受最严重黑客攻击，行业内所有 ERP 无一幸免，大量卖家损失严重，行业内一片混乱。黑客通过 DDOS 攻击占用服务器进行勒索敲诈，是所有互联网企业最常面对的问题。DDOS 攻击方式有很多种，最基本的就是利用合理的服务请求来占用过多的服务资源，从而使服务器无法处理合法用户的指令。虽然不会影响数据安全，但恶意占用服务器让企业用户无法正常运作，因此出现大量 ERP 用户不能发货、订单交运失败等问题，造成大量的经济损失。

3.3.5 跨境电子商务环境下传统外贸企业转型升级的 SWOT 分析矩阵

通过以上对跨境电子商务环境下传统外贸企业转型升级的内外部环境分析，结合我国传统外贸企业发展的实际情况，可以构筑其发展战略的 SWOT 分析矩阵（见表 3-2）。

表 3-2 跨境电子商务环境下传统外贸企业转型升级的 SWOT 分析矩阵

	机会（O）	威胁（T）
外部环境	本国强大的工业制造实力的支持； 跨境物流取得长足发展，大批第三方物流涌现，逐渐畅通的国际商流、物流和迅速提升的产品运输速度和物流监管力； 跨境电子支付模式的日益成熟，跨境支付市场规模日益扩大，程序的不断简化、方式不断多元化以及功能不断扩大； 互联网渗透率的提升和消费模式的转变； 国家政策倾斜，扶持外贸企业转型升级的政策性体系逐步完善； 我国经济仍将保持持续良好增长态势，世界经济呈现复苏态势，提供了更广阔的发展空间和竞争环境； 新兴市场空间大，层次多，切入点多	贸易保护主义抬头，国际经济政治动荡，经营环境恶化； 缺乏成熟的国际电子商务交易平台，难以与我国外贸产业电子商务化的日趋普遍完善的需求相匹配； 企业间恶性价格竞争加剧； 强势电商巨头的寡头垄断，限制了其他的电商服务平台的发展，提高了传统外贸企业电商化的成本； 支付方式不健全； 缺乏行业机制管理，跨境电子商务法规体系和标准规范体系仍有待完善； 缺乏健全的信用评价机制； 互联网应用技术水平较低，信息安全防护能力较弱，内部数据容易被窃取，易受国际互联网黑客攻击而造成巨大的经济损失

第3章 传统外贸企业在跨境电子商务环境下面临的问题分析

续表

	优势（S）	劣势（W）
内部环境	积累了丰富的开拓国际市场的经验，比较熟悉国际贸易规则、惯例和实务，有较强的防范国际、国内市场风险和成本费用控制的技能； 在劳动力、原材料等资源占有方面的优势； 已经建立起长期稳定的专业分工与协作体系	观念落后，缺乏适应市场经济的现代企业制度，体制、机制与市场化要求仍有差距； 盲目跟风，缺乏跨境电商全局意识； 缺乏高级管理人才和跨境电商人才，缺乏必要的企业文化建设，人才流失严重； 长期以粗放型经营为主，品牌缺乏竞争力，行业知名度低； 技术创新能力弱，技术水平低； 产品缺乏核心竞争力； 风险防范意识差，缺乏行业规避机制； 经营模式单一陈旧，缺乏发展后劲； 债务沉重，融资能力弱，财务状况差

由表3-2可以看出，尽管面临着贸易壁垒增加、竞争环境恶化以及缺乏行业机制管理和健全的信用评价机制等各种外部威胁，存在着经营模式单一、品牌竞争力不强等内部劣势，但经济全球化的不断发展、国内政策的不断调整和完善，以及我国强大的工业制造实力的支持，依然给传统外贸企业带来了相当的发展机会。总之，跨境电子商务环境下我国传统外贸企业转型升级面临的威胁和劣势是现实的，机会和优势还需要企业进一步努力，才能发挥优势，抓住机遇，制定出可行的企业转型升级发展战略。

第4章 跨境电子商务环境下传统外贸企业的转型升级路径分析

在当前世界经济复苏明显放缓，国内经济下行压力加大的严峻形势下，传统外贸企业应抓住全球市场跨境网购巨大需求的机遇，进行转型升级，这也是传统外贸企业持续深化发展的唯一出路。跨境电子商务新模式下的信息流、商流、物流、资金流与传统贸易方式相比，出现了许多新特点、新问题，外贸企业应在拓展贸易渠道、改变产品结构等方面做出相应的转型升级路径选择。

4.1 传统外贸企业的转型升级方式

传统外贸企业可以依据 Humphrey 和 Schmitz（2000）所提出的流程升级、产品升级、功能升级和链条升级四种方式进行转型升级。

1. 流程升级

流程升级是指通过对生产系统的更新或采用先进技术提高价值链内部某环节效率来提高企业竞争力。对于传统外贸企业来说，利用这种转型升级方式可以直接获得积极效应，提高企业的生产能力和整体竞争力。在使用这种升级方式时，传统外贸企业可以采用引进先进技术、对管理模式进行改革等措施，以此来帮助企业将自身的价值链整体向上移动，从而获得更高的附加值。

2. 产品升级

产品升级是指通过引进新产品或改进优化已有产品，提高单位产品的附加值，从而获得竞争优势，超越竞争对手。在国际贸易活动中，处于相同产业、生产同类产品的企业数量众多，要在这些企业中脱颖而出，就必须提高自身产品的质量并且推出与其他企业不同的新产品，由此获得更多消费者的青睐。传统外贸企业可以通过引进国外先进生产设备及生产技术，以此来提高产品质量，或者加大研究开发力度、不断推出新产品，从而提高企

第4章　跨境电子商务环境下传统外贸企业的转型升级路径分析

业产品的附加值，实现产品升级。

3. 功能升级

功能升级是指通过对价值链各个增值环节的重新组合，增加新功能或放弃低附加值的功能，以此提高整体竞争优势的一种转型升级方式。工艺流程升级和产品升级是处于低附加值环节的产业升级活动，通过这类升级活动，企业仅仅改变了同那些与自己处于同样环节的其他企业之间的关系，对于企业自身所处的价值环节，以及与那些比自己处于更高环节的企业之间的关系，并没有改变（张小蒂、朱勤，2007）。而功能升级能确保我国工艺流程升级和产品升级的利益。

传统外贸企业在进行功能升级时，可以通过研发设计、制造、销售和服务等各个环节来实现升级，例如涉足产品研发设计环节、降低产品的生产成本、加大自主品牌建设、加强品牌管理和品牌宣传、进行自行销售以及提供售后服务等，从而通过在价值链各环节的增值来实现企业的转型升级。

4. 链条升级

链条升级就是利用从所在价值链中获得的能力或资源实现向另外一条产业链条转移的升级方式。对于传统外贸企业来说，企业可以充分利用现有的资源优势来开拓另一个新的产业，一般来说，这个新产业会与原产业具有一定的关联性，通过加入新的产业可以帮助企业增加一条新的价值链，从而使企业的整体价值链向上移动，实现转型升级。

4.2　传统外贸企业的转型升级路径分析

传统外贸企业进行分类，可以分为以下两种不同的类型：一类是专业型的外贸企业，即贸易型外贸企业，这一类企业自身并不生产产品，只是作为国内生产者与国外客户的中介代理，从中赚取服务佣金或者两者的差价；第二类是生产型外贸企业，这些企业进口企业所需的技术、原材料，出口企业自身所生产的产品。根据价值链、企业升级等相关理论，这两类传统外贸企业转型升级的路径如下。

4.2.1　贸易型传统外贸企业

贸易型传统外贸企业作为进出口业务上下游间的中介代理，在整个供应链环节中充当供货商的角色，在进口业务中代理国内企业购买国外产品或代理国外客户在国内销售，在

跨境电子商务环境下传统外贸企业的转型升级路径分析及对策研究

出口业务中代理国内企业出口产品或国外企业在国内采购或寻找加工生产企业。在这两种业务中，虽然企业都处于价值链的上游环节，但由于这种经营模式过于简单，进入门槛低且增值较少，在市场体制允许的前提下，会有许多竞争者蜂拥进入该行业，从而使得竞争激烈，导致利润低下甚至无利可图。因此，传统外贸企业要获得继续生存发展亟需加快转型升级，可以选择以下几种模式。

1. 提升服务质量，提供差异化、专业化服务

在传统的业务模式中，贸易型传统外贸企业作为供货商，只是充当国内企业与国外企业的中介，处于价值链的底端。因此，传统外贸企业在转型升级过程中，可以实施产业链的后向延伸，从而帮助企业从价值链附加值的底端向附加值的高端转移。企业可以转变原来简单的从国内客户手中购买产品转卖给国外厂商的买卖关系，根据客户的特点与需求为其提供差异化服务；将业务后向延伸到售后服务，通过提供专业化的服务来实现产业价值链附加值的增加。例如增加专业咨询服务项目、物流仓储、配送服务、包装广告、提供展会信息、市场信息以及针对不同客户要求提升相应配套售后服务功能等，成为专业化的服务企业，并及时跟踪了解客户情况及潜在需求，从而赢得客户的满意与信任。这种转型升级路径模式一般适用于那些在客户信息上拥有优势，但在资金、人力上并不占有优势的只从事进出口代理业务的传统外贸企业。对于这些企业来说，由于自身规模较小，经营范围有限，因此在人力财力物力不足的情况下，获取市场和客户的最佳选择就是提高服务质量以及服务种类，提供特色化、差异化、个性化和专业化的服务。

2. 控制分销渠道

对于大多数贸易型传统外贸企业来说，在整个供应链中只是一个简单的中间服务商地位，没有对销售和分销渠道进行直接控制，从而无法贴近目标市场获得直接反馈，难以切实了解国外市场行情和把握国外市场的方向。这种方式下企业只是赚取了中间的佣金或差价，获取的利润低下，甚至于利润的获取呈现逐年递减趋势。因此，通过向价值链的后向进行延伸，进入销售和分销环节，可以促使企业在产业价值链营销环节一侧的附加值上升，进而增加企业的利润。这种企业通过直接将产品销售给最终的消费者以缩短供应链而进入零售或分销环节的方式，可以使企业直接面对最终消费者，减少流通费用，降低企业的成本，增强产品的价格竞争力，使客户能够享受到更加低廉的价格，从而促进销量，增加企业的利润额。同时，这种减少国外分销商或零售商环节的做法，可以使企业及时获得国外最终消费者的反馈，有助于企业更好地了解国外市场情况，从而使企业更加清晰地了

第4章　跨境电子商务环境下传统外贸企业的转型升级路径分析

解自身产品的优缺点，有的放矢，能更为准确地提供满足客户真实需求的产品。这种转型升级路径模式一般适用于在物流上具有优势并具有一定人力、物力和财力的传统外贸企业，以及技术含量较高或产品销售之后需要进一步提供技术服务的产品或生产资料等产品。

3. 控制生产制造环节或者实现产销一体化

对于贸易型传统外贸企业来说，由于它们长时间与国外市场接触，便于追踪调查产品在最终消费市场的反馈情况，对于国外经销商和最终消费者的需求有较为深入的了解，因此，通过前向延伸由产业价值链中的上游环节向下游环节渗透，参与到生产制造环节，不仅可以更好地控制出口货源，还可以更好地对产品进行控制使其更加符合客户的要求。虽然生产制造环节的价值链附加值低，但是，贸易型传统外贸企业加入的目标是依靠其对产品情况的了解，志在推动规模经营、技术进步、产品结构升级和质量风险控制、实施名牌战略等更高的运作层次上培育企业的增长点，以帮助产品的生产效率和质量的提高，从而形成附加值整体上升。

进入生产制造环节的方式主要有两种：一是实施对生产制造环节的控制。企业可以通过与租赁、兼并、托管或与生产型企业合营、参股等方式参与到生产制造过程中，从而使生产的产品更能满足客户的需求。通过这种方式有助于企业控制产品的质量，并获得稳定的货源和供应商客户，从而能够持续生存与发展；另外，企业还可以从中获取一部分利润，增加企业的收入来源。一般来说，对国外市场有着充分了解但自身规模不大，没有足够资金、资源条件等实力来进行独立生产的贸易型传统外贸企业采取这种方式较为适宜。二是优化企业内部供应链，实现产销一体化。这在一定程度上就是贸易型外贸企业向生产型外贸企业进行转型的方式。让贸易型外贸企业建立自己的工厂，改变原本代理商、中间商地，从而直接加强对生产制造环节的控制（毛蕴诗、郑奇志，2012）。对于贸易型传统外贸企业来说，比生产型企业更了解国外客户的需求，具备获得更多订单的渠道，通过转型实业化生产在一定程度上可以提升自身商品的附加值，并获取生产制造环节的全部利润。同时也可以在商品销售过程中通过更高品质的服务，来树立和提升贸易型外贸企业更好的对外形象，进一步提高企业资源利用率，抓住产品自我生产的相关优势，从而提升贸易型外贸企业的核心竞争力，获得持续发展力。

这种方式一般要求企业具有一定的规模，在人力、财力和物力上占据优势，才有能力依靠自身力量踏足生产领域。中小规模的贸易型外贸企业实业化的领域主要集中在服装、纺织、轻工、电子等需要资金相对较少，技术要求不高而企业本身又在客户渠道和销售网络有较大优势的行业。当然实力较为雄厚的贸易型外贸企业也可以直接进军高科技领域和新兴行业，以占领产业结构调整的制高点。

4. 建立战略联盟，整合供应链

基于波特的价值链分析模型，贸易型外贸企业要在激烈的竞争环境中形成自己的竞争优势，就必须延伸价值链，通过建立战略联盟，将供应商、制造商、分销和零售商链接成一个整体，从而控制上游生产到中间经营，再到下游销售的整个价值链条，建立一种全新的经营模式，逐步完善产业链条，改善过去纯粹的中间代理商的地位，使企业从传统的贸易商转变成供应链管理者。一般情况下任何行业的供应链都包括了产品设计、原材料采购、生产制造、物流运输、订单处理、批发经营和终端零售等多个环节。传统的贸易型外贸企业在整个供应链环节中大多参与了物流运输和订单处理环节，这也是在整个链条中比较简单的环节，竞争者进入门槛低，因而这种经营模式容易被复制，从而造成整个行业竞争激烈，行业的总体利润下降。由微笑曲线可知，企业应该尽可能地向附加值高的环节偏移，即向价值链两端进行扩展，提升产品的档次。企业将全面参与到产品的研发设计、质量管理、生产制造控制以及产品的销售环节，对供应链进行全面整合，协调制造商、采购商、零售商和客户等成员之间的关系，充分发挥供应链的动态性与快速反应性，提升整条供应链的效率和整体竞争力。这种转型升级模式一般适用于在人力、技术、资金、信息等各方面都有雄厚实力基础的企业，是贸易型外贸企业发展到较为成熟程度时的选择。

4.2.2 生产型传统外贸企业

中国大多数生产型传统外贸企业都是以代工生产的形式嵌入到全球价值链活动当中，位于产业价值链的低端环节，商品技术含量低，利润微薄，完全依赖于国外的订单，竞争力不强。据了解，在全球产业链中，研发、营销和零售环节的利润占据整个产品利润的90%左右，而生产制造和贸易环节只能获得国际贸易产业链10%的利润。因此，生产型传统外贸企业要获得持续健康的发展，必须进行转型升级，摆脱国外企业的控制，将贸易增长的动力机制由资源消耗和增加劳动力投入转为技术、工艺和管理模式创新，以及人力资本的培养上，最终实现企业竞争力的增强和产品附加值的提高，以此增加企业在国际贸易活动中的主动权，占据全球价值链环节中的关键地位。生产型传统外贸企业的转型升级路径大致可分为以下几种模式：

第4章　跨境电子商务环境下传统外贸企业的转型升级路径分析

1. 工艺流程升级，提高生产加工流程效率

工艺流程升级是指通过重组生产体系，采取更高的技术来提高工艺生产效率，最终提高产出。生产型传统外贸企业可以通过提高产品生产加工过程的流程效率，使企业的价值链附加值整体向上移动，从而实现企业的转型升级。提高工艺流程生产效率主要有以下两种方法：一是从国外引进先进的生产技术设备。企业通过国外先进生产技术设备的引进，有助于企业大幅缩短产品生产加工的时间，从而提高产品的生产效率，在市场竞争中获得优势。二是改进管理模式，科学化内部管理，实施精细化管理。从管理现代化的角度来看，我国许多生产型传统外贸企业规模较小，而且多数为家庭式企业，以家庭式的管理方式为主，还处于粗放式的管理阶段，企业内部管理较为松散、科学性不强。企业管理者在管理过程中采用较为落后的人员管理的方法，未能建立起规范化、制度化的企业管理制度，这就导致了企业在生产管理的过程中，由于管理方式落后不完善而降低产品的生产效率，或导致了企业员工无法适应跨境电商环境下业务模式的转变、对企业转型持有抱怨和不理解态度，导致企业人力资源无法达到跨境电商背景下企业转型升级的运营要求，在市场竞争过程中失去应有的竞争力。生产型传统外贸企业转型升级过程复杂且困难，需要对物资和内部员工进行科学化和精细化管理。科学化管理有规范化、精细化和个性化三个层次。其中精细化管理就是指将企业管理的责任落实到每一个管理者，明确个人的责任，将管理责任具体化、明确化，要求每一个管理者都必须尽职尽责。精细化管理涉及企业生产过程的每一个环节，让企业的转型升级战略能有效贯彻到每个环节并发挥作用，这样可以最大限度地减少企业在管理上所占用的资源和降低管理成本，从而有效提高企业生产效率和产品附加值（毛蕴诗、吴瑶，2009）。通过规则的系统化和细化，运用程序化、标准化、数据化和信息化的手段，调整产品、服务和运营过程，实施精细化管理，改变传统的粗放型管理模式，是企业降低成本、获得更高生产效率、更高效益、更强竞争力和实现转型升级的关键。对于自身尚不具备足够的技术、财力来进行自主研发，或者在管理机制还不够完善的生产型传统外贸企业可以采用这种转型升级模式。

2. 产品改进升级

对于整体实力不强并不具备自主研发能力的生产型传统外贸企业，还可以采取产品改进升级这一投资不大风险较低的渐进式路径。目前我国大多数生产型传统外贸企业所经营的商品结构单一，且技术含量较低，因此，如果不进行技术改进以跟上科技发展的步伐，产品很快就会遭到淘汰，陷入无法继续经营的境地。通过对旧产品改进和快速推出新产品，缩短产品生命周期，增强产品功能，增加产品技术含量，产品的改进升级可以帮助企业向上提升在生产制造环节的附加值，从而实现企业的转型升级。进行产品升级时，企业可以通过投入环保设备改进生产过程，加大对环保技术的开发，在实现环保目的的同时降低企业的成本，提升产品的附加值；也可以通过引进国外的成熟技术，在消化吸收积累技术的基础上进行模仿创新和合作创新，或通过并购国外企业获得国外先进技术和国外科研人才，依靠国外的科研环境和人才来获得适合国外市场需求的新产品或者对原有的产品进行技术改进，由此增加产品的种类，提高产品质量，降低产品成本，增强产品的竞争力，从而实现产品升级，为完成生产型传统外贸企业的转型升级奠定基础。

3. 多元化产品设计开发，探索 OEM-ODM-OBM 转型升级路径

国内外许多学者用 OEM 到 ODM 到 OBM 路径来分析外贸企业转型升级的问题。目前我国生产型传统外贸企业多以 OEM 方式进行企业的生产运作，存在着业务来源不稳定、无自身核心技术、人力与资本不足、产品同质化严重以及附加值较低等现象。因此这一阶段企业技术水平的发展最为关键，企业可以通过整合内部资源来进行新产品的研发，设立专门的研发设计部门或者在国外设置研发中心，招聘和培养较高水平的研发设计人员或引进国外技术人才，保证企业拥有强有力的研发设计后备力量来帮助企业开发新产品。随着企业对上游工序掌握越来越多和开发设计能力的加强，有能力进行比初级组装加工更多的工序，有能力按照自主想法设计和生产商品，委托者就会外包更多的工序和职能给这些生产型企业，受托企业承担更多的如产品设计、深加工和售后服务等环节，这时生产型传统外贸企业就逐步转型升级成为 ODM 企业。随着 ODM 企业的不断壮大，其技术水平和市场拓展能力进一步增强，企业拥有自己的研发团队和市场研究部门，建立自己的品牌产品和营销网络。企业将进入转型升级到一个新的阶段 OBM。在这个过程中企业应注意高效迅速、保质保量地开发出满足不同客户需求的产品，提高产品的可靠性和性价比。特别是跨境电商背景下，订单将越来越细化，为满足顾客越来越细化的产品要求，我国生产型传统外贸企业需提高自身的研发设计能力，利用互联网大数据分析找到消费者的隐性需求，为顾客生产符合其要求的产品，也就是多元化开发设计及按需生产，保证企业拥有独特的拥有竞争力的产品。

4. 优化营销及服务水平，加大相关投入

生产型传统外贸企业主要着力于产品的生产制造，而较少关注产品的销售以及服务方面，因此企业的客户群体较为固定，主要依赖其他专业型外贸企业进行代理进出口或者仅

第4章 跨境电子商务环境下传统外贸企业的转型升级路径分析

为少数几个企业提供产品与服务,这种状况的直接后果就是一旦这些客户放弃继续合作,那么企业将陷入困境。企业要摆脱这种困境,就必须转变商业模式,加大在营销以及服务环节的投入,要"以客户服务为核心",使价值链后向延伸提高附加值。在跨境电子商务环境下优化营销及服务水平进行升级的主要措施有以下几种:可以通过在国外建立营销中心,实施"走出去"战略,拓展自身的营销网络,贴近国外客户;利用现代化的信息技术,分析目标顾客国家的消费习惯和网页浏览习惯,借助第三方国际电子商务平台开展业务或建立网上贸易平台;或者在境外投资建厂,直接面对国外的客户群体,提升顾客体验价值,从而有利于企业客户增加。另外,企业要重视提供专业化的服务,注重营销和客服服务人员的引进和培训,让客户乐于与己方合作,这是因为优质的服务是留住客户的最好方法。此方法是企业在具有稳定客户资源以及产量的基础上使用的,是企业拓宽市场,获得更多订单的优先选择。

5. 嵌入新的产业链,实现跨产业升级

跨产业升级具有广泛而巨大的空间,它不仅带来价值、总量的增长,还可带来产业结构的变化与升级。对于生产型传统外贸企业来说,一般只涉及一条产业链,生产经营单一系列的产品,而随着现代信息技术的发展,各产业之间的界限变得模糊,行业之间出现了交叉融合的现象。由于产业之间的不断融合,在人才、技术和资金等方面的实力较雄厚的生产型传统外贸企业可以加入到与其自身所参与的产业链相关且相融合的新的产业链中,因而嵌入一条新的价值链,使企业整体的产品附加值大大提升。这种转型升级模式有助于企业生产多元化的产品,从而拓展企业的业务范围,实现转型升级。进入新产业链的升级模式需要生产型传统外贸企业在生产经营的过程中,拓展思路,不断加强自身在技术、人才、产业相关知识上的积累,将高科技融入到传统制造业中,跨越多重技术领域、跨越多重应用领域的产品研发创新,在企业的知识和实力积累到一定程度以后进入新的产业链实现转型升级。

6. 进行自主品牌建设和管理

行业人士透露,在传统外贸模式下,我国的生产型传统外贸企业主要以OEM和ODM等模式出口,缺乏品牌意识,并不依靠品牌参与市场竞争,利润率一般只有2%~3%,而如果通过自有品牌模式在跨境平台上销售,利润率一般能够达到20%~25%左右,因此越来越多的外贸企业正在尝试跨境B2C这一模式下通过良好的品牌运作,对接海外消费者实现转型升级。品牌对于企业来说就是一张名片,是一个企业的素质、信誉和形象的集中体现,是对产品品质的承诺,能够达到吸引客户购买企业产品的效果。优质的产品质量、先进的技术、严格的质量保证体系、良好的企业文化、优秀的员工素质、完善的售后服务,以及多年来积累的市场口碑等因素都是支撑品牌的关键因素。企业在进行品牌建设时,应注重品牌管理以及加强对品牌的推广,将自身品牌培育成为客户可以信赖的信誉保证,超越客户的期盼,为客户提供产品解决方案,提升品牌价值,从而达到获得更多客户的目的。

4.3 跨境电子商务环境下传统外贸企业的转型升级路径选择

跨境电子商务环境下的传统外贸企业转型,需要利用跨境电商渠道,从传统的"厂商—出口商—承运人—进口商—批发商—零售商—消费者"的国际贸易模式转变为"卖方—国际物流配送体系—买方"的新型商业发展模式,向前端延伸到产品设计与研发,向后端深入到产品的销售与服务,从整体上提高了产品的附加值,从而帮助企业完成转型升级。这也是借助互联网渠道将本企业的产品销售给国外顾客(进口外贸企业需将国外商品进口销售给国内顾客),而利用互联网渠道的方式主要有利用第三方跨境电商平台和自建网上商城两种方法,即跨境电子商务环境下的传统外贸企业转型的两种路径。

4.3.1 利用第三方跨境电商平台

利用第三方跨境电商平台是指利用现有的成熟的跨境电商第三方平台将本企业的产品销售给顾客。第三方跨境电商平台提供统一的销售平台,平台一方是作为卖家的国内外贸企业,另一方是作为海外买家的消费者。首先,第三方跨境电商平台比较稳定,可以利用第三方平台的成熟的产品信息整合网页,将本企业产品信息传递给网站已有的顾客群。其次,利用平台已打开的海外市场,传统外贸企业可进行广告宣传、产品促销等活动以推广本企业产品。此外,企业还可利用第三方平台的海外仓库进行产品的中转和邮递,提高跨境物流服务质量。总的来说,利用第三方平台,可以缩短企业转型后的发展期,使企业快速转型为跨境电商企业,迅速打开海外市场。然而,利用第三方平台还会有一定的局限性,包括品牌知名度难以提高、产品推广有一定的局限性等。我国具有竞争力的第三方平台主要有亚马逊、ebay、速卖通、敦煌网等,这些平台通过多年的跨境电商经营,积累了

第4章 跨境电子商务环境下传统外贸企业的转型升级路径分析

丰富的经验。传统外贸企业利用这些第三方平台进行初期的市场导入，便可转型经营跨境电商业务。

1. 跨境电商平台的分类及概述

跨境电商平台是基于互联网进行跨境电子商务活动的虚拟网络空间和保障国际商业活动顺利进行的管理环境；是对信息流、物质流、资金流进行整合的一个场所。跨境电商按交互类型划分模式，主要分三大类，即 B2B，B2C，C2C。从未来发展趋势来看，企业对个人和个人对个人的规模所占比例将越来越大。第三方跨境电商平台主要包括亚马逊、ebay、阿里巴巴国际站、速卖通（Aliexpress）、Wish、敦煌网（DHgate）、Lazada（来赞达）、shopee（虾皮平台）、中国制造网、环球资源网、1688.com、海带网、天猫国际、淘宝全球购和洋码头等。

2. 主要跨境电商平台特点分析

（1）亚马逊。亚马逊是美国最大的一家网络电子商务公司，位于华盛顿州的西雅图，是最早开始经营电子商务的公司之一。亚马逊成立于1995年，一开始只经营网上书籍销售业务，现在则扩及了范围相当广的其他产品，已成为全球商品品种最多的网上零售商。不论是北美地区的美国、加拿大、墨西哥，还是欧洲的英、法、德、意大利等市场，从流量角度来看，亚马逊是跨境电商卖家首选的出口平台。亚马逊的特点是对卖家要求最高，对产品和品质都有保证，支持货到付款的方式，要建立品牌，如果没有品牌，最好不要使用亚马逊平台。亚马逊不卖仿品，一台电脑只登录同一个账号，和买家沟通耐心、快速，基本不会有太大的安全问题。亚马逊对于卖家的要求比较高，特别是产品品质，对于产品品牌也有一定的要求，手续也比速卖通等其他平台复杂。新人注册亚马逊账号需要先了解开店政策和知识，因为亚马逊的开店比较复杂，并且有非常严格的审核制度，如果不了解规则违规，会有店铺被封甚至法律上的风险；亚马逊店铺产生的销售额是全部保存在亚马逊自身的账户系统中的，所以后期收款需要有美国、英国等国家本土的银行账号。对于成熟的亚马逊卖家，最好先注册一家美国公司或者找一家美国代理公司，然后申请联邦税号。因此，选择亚马逊平台需要有稳定可靠的供应商资源、美国本土人脉资源等较好的外贸基础和资源，转型跨境电商的外贸企业最好有一定的资金实力，并且有长期投入的心态。

（2）ebay。ebay是一个可让全球民众上网买卖物品的线上拍卖及购物网站。ebay于1995年9月4日由Pierre Omidyar以Auctionweb的名称创立于加利福尼亚州圣荷西。人们可以在 ebay 上通过网络出售商品。ebay 是全球最大的 C2C 平台，ebay 对卖家的要求更严格，对产品质量要求较高，价格有优势，能做到真正的物美价廉。ebay 的特点是卖家通过两种方式在该网站上销售商品，一种是拍卖，一种是一口价。其中拍卖模式，是这个平台的最大特色。一般卖家通过设定商品的起拍价以及在线时间开始拍卖，然后看下线时谁的竞拍金额最高，最高者获胜。ebay 的另外一个特点是二手货交易占较大比例。ebay 的核心市场在欧洲和美国，因此在这些地区有产品优势的企业可以选择 ebay 平台，而且 ebay 操作相对亚马逊比较简单，开店门槛比较低，投入不大，适合有一定外贸资源的人做。

（3）阿里巴巴国际站。阿里巴巴国际站成立于 1999 年，是阿里巴巴集团的第一个业务板块，是阿里巴巴面向全球的 B2B 网站，是目前全球最大的 B2B 贸易市场，是中小企业的网上贸易市场、平台，目前已有海量企业会员，是我国目前出口企业拓展国际贸易采用最多的电子商务平台之一，曾连续七年被美国《福布斯》杂志评为全球最佳 B2B 网站。

阿里巴巴国际站的商品已覆盖全球 200+个国家和地区，5 900+个产品类别，已成为全球领先的跨境贸易 B2B 电子商务平台。阿里巴巴国际站主要是国外客户，有超过 1 000 万的活跃优质海外买家，他们平均每天会发送超过 30 万个订单采购需求。阿里巴巴国际站的特点是为付费会员提供细致、周到、安全的第三方认证服务，为其提供数字化营销、交易、金融及供应链服务，最大限度地降低网络贸易的风险，能为传统外贸企业开启跨境贸易新机遇。

（4）速卖通。2009 年 9 月 9 日正式上线的速卖通是阿里巴巴旗下面向全球市场打造的在线交易平台，被广大卖家称为国际版"淘宝"。阿里巴巴旗下的全球速卖通业务有 B2B 模式和 B2C 模式，但主要是 B2C 模式，是中国供应商面向国外消费者交易的一种小额跨境电子商务。全球速卖通业务具有以下特点：价格比较敏感，低价策略比较明显，这也跟阿里巴巴导入淘宝的卖家客户策略有关联，很多人现在做速卖通的策略就类似于前几年的淘宝店铺。进入门槛低，能满足众多小企业迅速做出口业务的愿望。阿里巴巴的速卖通平台对卖家没有企业组织形式与资金的限制，方便进入。交易流程简单，买卖双方的订单生成、发货、收货、支付等，全在线上完成。双方的操作模式，如同国内的淘宝操作，非常简便。商品选择品种多，价格低廉。速卖通平台上的商品具有较强的价格竞争优势，跟传统国际贸易业务相比，具有无比强大的市场竞争优势。速卖通市场的侧重点在于新兴市场，特别是俄罗斯和巴西。速卖通是阿里系列的平台产品，整个页面操作中英文版简单整洁，非常适合新人上手，阿里巴巴一直有非常好的社区和客户培训传统，通过社区和阿

第4章 跨境电子商务环境下传统外贸企业的转型升级路径分析

里的培训,跨境新人可以通过速卖通快速入门。

(5) Wish。2013 年成立的 Wish,是一个新兴的移动电商购物平台,是一家移动的 B2C 跨境电商,其 App 上销售的产品物美价廉,包括非品牌服装、珠宝、手机、淋浴喷头等,大部分产品都直接从中国发货。Wish 的母公司 ContextLogic 创立于 2010 年,创始人是滑铁卢大学的两名毕业生:前 Google 雇员 Szulczewski 和前 Yahoo 搜索与广告产品的多年员工 Danny Zhang。Wish 低调、飞速的崛起可以说是科技、广告和折扣策略完美应用的结果。与传统购物网站不同的是,Wish 一开始就十分注重智能手机的购物体验,通过商品图片给用户提供视觉享受。同时,Wish 的大幅折扣刺激了用户的购买欲。作为一个电商新手,Wish 完全没有 PC 端购物平台的设计经验,这也使 Wish 能够不带任何思想包袱地开拓移动端市场。Wish 平台的特点是有更多的娱乐感,有更强的用户黏性,呈现给用户的商品大都是用户关注的、喜欢的,每一个用户看到的商品信息是不一样的,同一用户在不同时间看到的商品也不一样。Wish 不依附于其他购物网站,本身就能直接实现闭环的商品交易,在 Wish 平台上,用户在浏览到喜欢的商品图片后,可以直接在站内实现购买。Wish 淡化了品类浏览和搜索,去掉了促销,专注于关联推荐。Wish 会随时跟踪用户的浏览轨迹以及使用习惯,以了解用户的偏好,进而再推荐相应的商品给用户。

(6) 敦煌网。敦煌网于 2004 年创立,是全球领先的在线外贸交易平台。敦煌网是一个聚集中国众多中小供应商产品的网上 B2B 平台,为国外众多的中小采购商有效提供采购服务的全天候国际网上批发交易平台。敦煌网是国内首个为中小企业提供 B2B 网上交易的网站。敦煌网的特点是在交易成功的基础上、根据不同行业的特点,向海外买家收取不同比例的服务费佣金(一般在交易额的 7% 左右),而一般传统的 B2B 电子商务网站普遍是向国内卖家收取会员费。敦煌网提供诚信担保的机制,还能实现 7~14 天的国际贸易周期,是一个小制造商、贸易商与零售卖家之间的对接。另一方面,敦煌网针对一些已经接触过电子商务、有货源、但是技能跟不上的用户,推出了外贸管家服务。定期会与工厂见面,将客户的反馈,客户对商品的样式、质量的反馈以及要怎么样推广这些产品与企业及时交流,以保证企业的交易成功率。

(7) Lazada。Lazada,于 2012 年成立,其总部设在新加坡,是东南亚地区最大的在线购物网站之一,也被称为东南亚版亚马逊,获得德国创业孵化器 RocketInternet 桑威尔兄弟(SamwerBrothers)支持。Lazada 的目标主要是印尼、马来西亚、新加坡、菲律宾、越南以及泰国等用户,覆盖大约 6 亿消费者。Lazada 的主要用户群集中在东南亚地区网络购物习惯仍在培育中的人群,主要销售3C类。Lazada正效仿亚马逊,专注于为小商家和零售商打造销售平台,并完善下单和配送流程。Rocket Internet将Lazada称作"在线集市"或者"在线购物中心"。Lazada提供一年保修、免运费,14天无条件退换货等售后服务。该公司在多个地区都占有先发优势,在那些地方,小商家可能还没有在线销售渠道,大众才刚开始网购,而且亚马逊还没有形成规模。东南亚地区的电子商务公司正在广泛的引起全球投资者的关注。东南亚的电商市场尚在培育阶段,并且是一款亚马逊尚未渗透的处女地。很多小商户正在寻求一个大平台,Lazada正是一个好选择。

Lazada年经营额已达10亿美元,日均访问量400万人,入驻Lazada平台的商家数超过1.5万家。Lazada的移动端销售业务占到了50%以上,包括移动端和Wap版的网站等,而移动端下载量最高能达到30万次每月。Lazada开放平台上主要销售13个品类的商品,包括美妆、家居、时尚、电子产品和运动装备等。其中,时尚、健康和美妆业务是增长最快的业务。中国的手机品牌小米、一加手机等已在Lazada也开始销售。

(8) Shopee。Shopee是一个新兴的跨境电商平台,主要面向东南亚与台湾,总部设在新加坡,隶属于Sea Group(以前称为Garena),该公司于2009年由李小冬(Forrest Li)创立。Shopee于2015年首次在新加坡推出,目前已扩展到马来西亚、泰国、印度尼西亚、越南、菲律宾和中国台湾市场,同时在中国深圳、上海和香港地区设立跨境业务办公室。Shopee为全世界华人地区用户的线上购物和销售商品提供服务。2017年8月24日,正式升级为Shopee全方位购物平台。2018年Shopee GMV达到103亿美元,同比增长149.9%,App下载量超过1.95亿次每年,员工遍布东南亚与中国达8 000人。根据权威移动数据分析平台App Annie,Shopee为2018年东南亚购物类App下载量第一名。Shopee为中国卖家提供自建物流SLS、小语种客服和支付保障等解决方案,外贸企业可以通过该平台打开东南亚7大市场。

3. 主要跨境电商平台规则对比分析

传统外贸企业利用第三方跨境电商平台开展业务前,必须了解其基本规则,比如制作物品刊登的详细要求、货运方式及发货时效要求等,只有运用好规则,权益才能得到有效保护,业务也才能长期稳定拓展。

(1) Amazon。

1) 平台销售规则。Amazon是一个重产品轻店铺的平台,因此Amazon的产品上线和销售规则都是基于产品和买家对产品的评价来展开的。

第4章 跨境电子商务环境下传统外贸企业的转型升级路径分析

上线方面,有些品类需要审核,大部分品类不需要审核,可以直接上线。同时每个上线的产品都必须有 Product ID,可以是 UPC(Universal Product Code)/EAN(European Article Number),也可以是 GCID(Global Catalog Identifier)。

销售方面,同一 UPC 产品的卖家们是共享同一条在线 Listing 并展开 Buy Box(下单购物车)的竞争。Buy Box 是 Amazon 的特色,买家购物时,如果有 Buy Box,可以直接点击 "Add to Cart";第二种是没有 Buy Box,就需要点击 "See All Buying Options",在 Offer 中选择要购买的商家,再点击 "Add to Cart" 去下单。非常明显,后者比前者多了几个步骤,买家可能在多做的几个步骤的某一个瞬间都有可能会产生放弃下单的想法。而 Buy Box 的存在,则可以将这种因素降到最低。当一个 Listing 同时有几个卖家在销售的时候,Buy Box 的影响将发挥到极致,在价格一致的情况下,Buy Box 的拥有者毫无疑问的占据了销售这个产品的几乎所有的优势。所以这也是卖家竭力保护自身 Listing 和争取 Buy Box 的原因。

售后方面,可以在账户后台 Setting 那里设置 Return Policy,对于 Merchant Fulfillment 的订单,当买家发起 Return Request 的时候,可以根据 Return Reason 以及自身 Policy 决定是否接受退换货。双方无法协商一致的情况下买家很有可能会发起一个 A-to-Z Claim,类似于 eBay 的 Open Case,这时 Amazon 才会介入处理。这种情况下,只要能够 prove 无过错,Amazon 是相对合理的对待买卖双方。

2)卖家账户规则。亚马逊平台基本上会从三方面来评估 Seller Performance(卖家表现):Account Health(帐户健康)、Seller Rating(卖家评分)和 Customer Feedback(订单评价)。早期卖家帐户 Account Health 的各项指标包括:订单瑕疵率、发货前订单取消率、订单延迟率、违反政策、准时到达、联系回复时间、有效追踪率、退货不满意率、客户服务不满意率等:①订单瑕疵率(Order Defect Rate),即瑕疵订单占总订单数的比例。只要订单涉及 Negative Feedback(差评)、A-to-Z Claim(索赔)和 Service Chargeback(服务拒付),都被视为有瑕疵的订单。以下几种情况需要注意,首先,当订单同时出现差评和 A-to-Z Claim,那么只会视为一个瑕疵订单,并不会重复计算;其次当买家发起 A-to-Z Claim,即便最终买家撤回了又或者 Amazon 认为不是卖方的责任,依然会视为一个瑕疵订单,这也反应了 Amazon 对买家体验的重视度;再次,对于差评,如果最终可以跟买家沟通好,买家愿意去移除则不会将该订单视为瑕疵订单。Amazon 标准是低于 1%。②发货前订单取消率(Pre-fulfillment Cancel Rate),即配送前取消的订单占总订单数的比例。Amazon 标准是低于 2.5%。③订单延迟率(Late Shipment Rate),即延迟发货订单占总订单数的比例。除了考虑及时在线确认发货同时也会要求必须提供追踪号。Amazon 标准是低于 4%。④违反政策（Policy Violations）。⑤准时到达（On-Time Delivery）。Amazon 会根据卖家在 confirm shipment 时候输入的追踪号去抓取派送的信息并以此计算卖家是否在承诺时间内派送到消费者。⑥联系回复时间（Contact Response Time）。Amazon 还会计算卖家回复买家的每一个消息的时间，标准是 24 小时内回复。⑦有效追踪率（Valid Tracking Rate）。有效追踪率只针对卖家进行自主配送的情况。卖家在发出包裹后，需将有效追踪编码（即快递单号）及时录入对应的订单中，方便买家追踪包裹。能有效追踪的包裹数所占的百分比，即为有效追踪率。亚马逊标准是大于 95%，如果卖家在特定商品分类下未实现 95% 的目标，将有可能丧失在该分类下销售非亚马逊物流商品的权限。

2018 年 9 月开始，卖方中心的帐户健康部分现在多了两个新部分（如图 4-1 所示）——"intellectual property complaints"（知识产权投诉）和 "listing policy violations"（listing 刊登策略违规），这两个部分与 listing 是否遵守亚马逊产品刊登政策规定（Product Policy Compliance）有关。

以上这些指标中，会影响到卖家的卖家表现绩效的主要指标是：订单瑕疵率<1%、发货前订单取消率<2.5% 以及订单延迟率<4%。当卖家无法达到这些标准的时候，最坏的结果是移除其销售权限甚至关掉其账户。当然，并不是说其中一项不达标就会这样的结果，有缓冲的时间让卖家去改善其账户表现，同时销售权限被移除后卖家拥有上诉的权利。

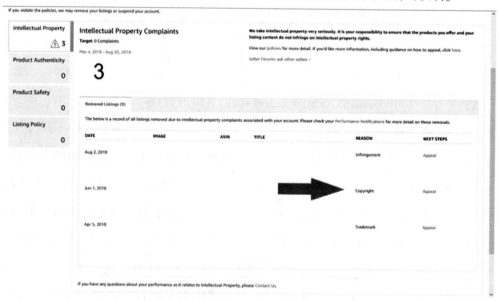

图 4-1　卖方中心帐户健康部分知识产权指标界面

第4章 跨境电子商务环境下传统外贸企业的转型升级路径分析

就评价体系的范畴而言，亚马逊与其他平台的最大区别之一就是亚马逊平台除了卖家们非常熟悉的订单评价（Customer Feedback）之外还有产品评价（Product Review）这个概念。通过分析两者之间的区别，可以明了亚马逊引入这个概念的用意（如表4-1所示）。

表4-1 Customer Feedback（订单评价）与 Product Review（产品评价）的区别

	留评条件	评价内容	影响大小	评价归属	留评位置	移除可能
Customer Feedback（订单评价）	买家须下订单以后才有可能留下Customer Feedback	针对于某个订单，评价内容可以包括客服，物流，产品本身等方方面面	会影响到卖家的账号层面，feedback的好坏会直接影响到卖家ORD指标的变化	归属于卖家，当卖家删除了某个Customer Feedback相关的Listing，那么此Customer Feedback将不会继续影响这个Listing	显示在卖家店铺主页的前台和后台的performance里	不符合亚马逊规定的Customer Feedback，卖家可以向亚马逊申请移除。若买卖双方不干预，亚马逊不会主动移除
Product Review（产品评价）	任意买家账户只要之前在亚马逊平台有过一次购物记录，即可针对平台的几乎任意产品编写Product Review，无需一定购买过此产品	只包含产品本身，与卖家的服务水平，发货时效等内容无关	不会直接的反应卖家的店铺，但是会直接的影响到这条产品listing的排名和曝光	归属于产品，会一直影响这个产品listing，即便是上传这个产品的卖家后期删除listing，这些Product Review还是会显示并且继续影响后期跟卖这个产品的其他卖家	显示在产品界面的前台	如果Product Review不是针对产品本身做评价，涉及到与产品本身无关的方面，卖家可以向亚马逊申请移除。亚马逊系统本身也会对Product Review进行评估，如果系统发有违规，亚马逊会自己删除

（2）ebay。ebay希望卖家能持续不断地提供优质服务以提高买家的满意度，为了让买家拥有更好的购物体验，卖家在刊登物品和提供物流服务时须符合以下准则：

1）刊登规则。正确描述欲刊登的物品信息不仅可以提高成交率，还可避免卖家交易过后因物品描述不符而产生不必要的交易纠纷，不正确的刊登描述会扰乱ebay市场交易秩序。刊登描述不当会导致违规商品被删除、账户受限，严重者账户会被冻结，在刊登物品时，卖家应特别注意以下规则：

A. 选择正确的物品分类。物品必须刊登在正确的类别中，如＊＊物品存在多级子分类，需将物品刊登在相对应的分类中。例如，＊＊戒指需要登录在"珠宝>戒指"分类中，而不能登录在"珠宝>其他"分类中。

B. 正确设置物品所在地。卖家必须在"物品所在地"栏如实填写物品寄出地点：一般情况下物品所在地需与账户信息相符，如果物品所在地在外地或其他国家，务必在刊登时选择真实的所在地（不能仅在物品描述中作声明），避免日后不必要的交易纠纷；需特别注意运费的设置要与物品所在地相匹配；若账户信息为中国，物品所在地为美国，物品被一个美国卖家拍下，运费价格需与美国当地运费相匹配，而不能设置为中国到美国的运费。

C. 使用符合 ebay 标准的链接。在 ebay 刊登物品时，可以在物品描述中使用一些链接来帮助促销物品。但是，有些类型的链接是不允许的。例如，你不能链接到个人或商业网站。请特别注意，本链接政策适用于＊＊可以将用户引导到 ebay 之外的文字或图片（如照片、商标或图标），任何链接均不能指向 ebay 以外含物品销售信息的页面。

D. 物品图片标准。高品质的图片能给买家提供更好的购物体验，使物品更容易售出，因此 ebay 对物品图片刊登有一套详细标准：所有物品刊登必须至少包含一张图片；图片的长边不得低于 500 像素（建议高于 800 像素）；图片不得包含任何边框、文字或插图；二手物品刊登不得使用 ebay catalog 图片；请务必尊重知识产权，不得盗用他人的图片及描述。

E. 预售刊登必须符合预售刊登规则。预售刊登是指卖方刊登那些他们在刊登时未拥有的物品。此类刊登的物品，通常在对大众的交货日期前就已预先出售。卖方需保证自物品购买之日（即刊登结束之日或从 ebay 店面购买刊登物品之日）起 30 天之内可以送货，eBay 允许其有限制地刊登预售物品。

在 ebay 刊登（预售）物品的卖方，必须在刊登时表明：该物品为预售物品，并说明交货日期，保证物品在刊登结束之日起 30 天内送出；此外，这些文字必须（至少）用 3 号 HTML 字体。对于未注明这些资讯的任何预售物品，ebay 都会结束其刊登。

请特别注意，当三星、苹果公司推出的热门大众消费新品时，ebay 会制定相对应的独立预售政策，如果卖家打算预售此类物品，请及时查看 ebay 官网公告。

F. 符合 HTML 和 JavaScript 编码规则。ebay 禁止会员在刊登物品中使用以下几种特定类型的 HTML 和 JavaScript 编码文字功能。违反此刊登规则会导致在线商品被删除，多次违规会导致账户受限，严重者账户将被冻结。建议用户在刊登商品前先＊＊刊登物品平台客服，以避免不必要的违规。

以下类型均为违规的 HTML 和 JavaScript：用来在任何 ebay 页面上放置或读取 Cookie

第4章 跨境电子商务环境下传统外贸企业的转型升级路径分析

的 HTML 或 JavaScript；将使用者从 ebay 重新导向至其他页面的 HTML 或 JavaScript（例如"replace"程式码）；能自动呼叫远端程式码和页面的 HTML 或 JavaScript（例如 JavaScript 的 includes 或 iframes）；能变更登录项目或写入其他使用者之电脑硬盘的 HTML 或 JavaScript；用来建立自动"弹出视窗"的 HTML 或 JavaScript（例外：使用者按一下时会在新视窗中开启的链接）；能在 ebay 中自动张贴程式码的 HTML 或 JavaScript；能在其他使用者的电脑上自动载入任何二进位程式的 HTML 或 JavaScript（例外：Flash 内容）；能在刊登物品上自动覆写物品说明区以外的任何区域的 HTML 或 JavaScript。

2）物流规则。

A. 物流方案政策。经过 ebay 长时间调研，买家在购买跨国商品时主要的担忧是货运延误，长时间、不稳定的运输以及无法追踪包裹的在途状态，可能会影响买家的再次购买意愿。

为帮助卖家在 ebay 市场上保持竞争力并且能够持续成长，从 2011 年 5 月 3 日开始，ebay 物流新规范要求，所有发往美国的货物包裹必须选用下述任一 ebay 认可的高质量的物流解决方案：中国、中国香港及美国邮政联手打造的"＊＊E 邮宝"或"E-Express"服务；中国邮政速递 EMS 服务；由 UPS、FedEx、DHL、TNT 提供的商业速递服务；能对前往美国的包裹提供发货到妥投的货物追踪的海外仓储服务。

注意，以下情况物品可不受 ebay 物流方案政策限制：物品使用海外仓储（仅限于美国仓储），且物品所在地为美国（请遵守正确设置物品所在地政策）；刊登于指定分类中无法空运的物品；账户评分达到或超过美国站卖家标准（标准卖家 & 高于标准的卖家），且物品售价（包括物流费）不高于 5 美元的物品；对于使用"E 邮宝"的卖家，ebay 会给予政策上的保护，详情可参见卖家保护中 E 邮宝支持计划。

B. 物品运费制定规则。卖家可向买家收取合理的运费和手续费，用来支付邮寄、包装和处理所卖物品所涉及的成本。ebay 对运费和手续费不进行金额上的规定，但会根据用户举报和 eBay 的判断来确定卖家收取的运费、手续费、包装费（和/或）保险费是否过高。运费及手续费不包含在物品最终成交价中。

除最终物品价格外，卖家还可以收取以下费用：实际运费；手续费（可收取实际包装费）；保险（提供保险的卖家只能收取实际的保险费用，除此以外不得收取额外费用，例如"自我保险"等，卖家如果未选择经许可的第三方物流，就不能要求买家购买保险，因为这种做法违反相关法律）；税额（只能收取实际产生及适用的税项）。

对于跨国家/地区交易，卖家不能征收关税，而买家可能要负责交纳相应国家/地区法律所规定的实际产生及适用的关税。

特别注意：请勿试图通过低定价、高运费的方式在搜索结果页面中取得更好的宣传效果。

参考范例

  违反政策的物品范例：

  雪姑七友（2001，DVD）

  "一口价／Buy It Now"：US＄5

  运费：US＄30（运往美国）

原因：使用香港邮政特快专递邮递此DVD往美国的实际费用低于HK＄160（US＄20）。卖家在邮费中收取物品的成本，隐瞒真实的费用。

  符合规定的物品范例：

  全新SONY ERICSSON T237 GSM已开锁COLOR PHONE ＊ FEDEX

  "一口价／Buy It Now"：US＄36.95

  运费：US＄18.95 香港邮政特快专递

原因：卖家使用香港邮政特快专递运送此物品，并在物品刊登上说明实际的运费。

Amazon与ebay经营规则及运营理念对比如图4-2所示。Amazon与ebay销售模式及方法对比如图4-3所示。

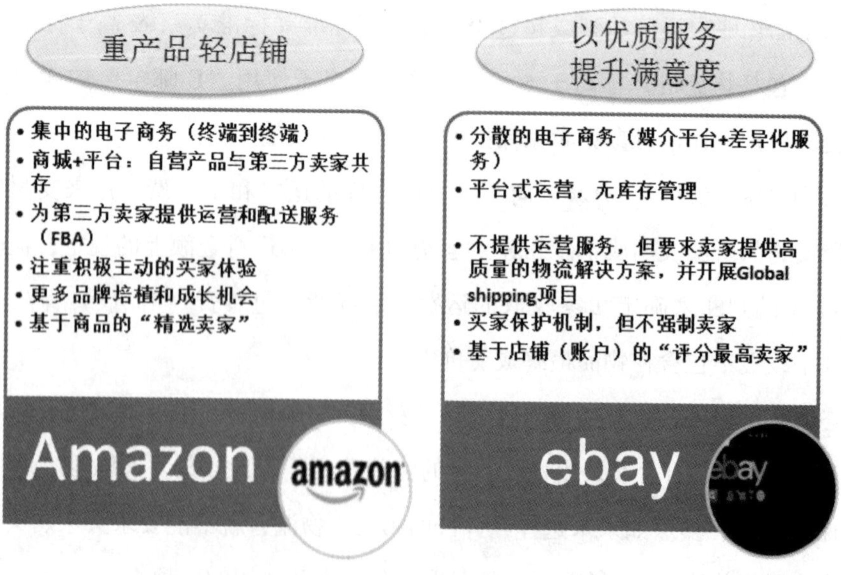

Amazon（重产品 轻店铺）
- 集中的电子商务（终端到终端）
- 商城+平台：自营产品与第三方卖家共存
- 为第三方卖家提供运营和配送服务（FBA）
- 注重积极主动的买家体验
- 更多品牌培植和成长机会
- 基于商品的"精选卖家"

ebay（以优质服务 提升满意度）
- 分散的电子商务（媒介平台+差异化服务）
- 平台式运营，无库存管理
- 不提供运营服务，但要求卖家提供高质量的物流解决方案，并开展Global shipping项目
- 买家保护机制，但不强制卖家
- 基于店铺（账户）的"评分最高卖家"

图4-2 Amazon与ebay经营规则及运营理念对比

第 4 章 跨境电子商务环境下传统外贸企业的转型升级路径分析

图 4-3 Amazon 与 ebay 销售模式及方法对比

（3）速卖通。卖家在全球速卖通平台上的任何行为，应同时遵守与阿里巴巴发布的各项网站规则。卖家应遵守国家法律、行政法规、部门规章等规范性文件。作为交易市场的卖方，卖家用户有义务了解并熟悉交易过程中的买家市场规定，配合买家完成交易。禁止发布禁限售的商品信息。卖家应尊重他人的知识产权，速卖通平台严禁卖家未经授权发布、销售涉及侵犯第三方知识产权权利的商品。卖家应恪守诚信经营原则，如及时履行订单要求、兑现服务承诺等，不得出现虚假交易、虚假发货、货不对版等不诚信行为。卖家应履行商品如实描述义务，卖家在商品描述页面、店铺页面、贸易通等所有全球速卖通提供的渠道中，应当对商品的基本属性、成色、瑕疵等必须说明的信息进行真实、完整的描述。卖家应保证其出售的商品在合理期限内可以正常使用，包括商品不存在危及人身财产安全的不合理危险、具备商品应当具备的使用性能、符合商品或其包装上注明采用的标准等。卖家不遵守以上基本义务，全球速卖通保留处罚的权利，影响恶劣者全球速卖通将直接清退卖家。

1）经营规则。速卖通平台接受依法注册并正常存续的个体工商户或公司开店，并有权对卖家的主体状态进行核查、认证，包括但不限于委托支付宝进行实名认证。依照中国大陆地区法律设立、存续、正常经营的有限责任公司或股份有限公司一次可申请开通一个店铺，1个企业下最多可申请开通六个速卖通店铺账户。卖家会员将其账户与通过实名认证的支付宝账户绑定速卖通提供的认证方式，提供真实有效的姓名地址或营业执照等信息，方可在速卖通经营。卖家会员账户通过企业实名认证和收款账户设置，完成经营大类准入缴费并通过类目商标资质申请方可发布对应商标商品，发布商品后，自动开通店铺。

若已通过认证，卖家需选择销售计划类型，速卖通有两种销售计划类型：标准销售计划和基础销售计划，一个店铺只能选择一种销售计划类型。标准销售计划和基础销售计划的区别，详见表 4-2。除此之外，标准销售计划和基础销售计划无其他区别。

表 4-2 速卖通平台卖家店铺销售计划类型

	标准销售计划（Standard）	基础销售计划（Basic）	备 注
店铺的注册主体	企业	个体工商户/企业均可	注册主体为个体工商户的卖家店铺，初期仅可申请"基础销售计划"，当"基础销售计划"不能满足经营需求时，满足一定条件可申请并转换为"标准销售计划"；
开店数量	不管个体工商户或企业主体，同一注册主体下最多可开6家店铺，每个店铺仅可选择一种销售计划		
年费	年费按经营大类收取，二种销售计划收费标准相同		
商标资质	√	同标准销售计划	
类目服务指标考核	√	同标准销售计划	
年费结算奖励	中途退出：按自然月，返还未使用年费；经营到年底：返还未使用年费，使用的年费根据年底销售额完成情况进行奖励	中途退出：全额返还 经营到年底：全额返还	无论哪种销售计划，若因违规违约关闭账号，年费将不予返还
销售计划是否可转换	一个自然年内不可切换至"基础销售计划"	当"基础销售计划"不能满足经营需求时，满足以下条件可申请"标准销售计划"（无需更换注册主体）： 1）最近30天GMV>=2000美元 2）当月服务等级为非不及格（不考核+及格及以上）	
功能区别	可发布在线商品数小于等于3000	1. 可发布在线商品数小于等于300（2019年可提额至500） 2. 部分类目暂不开放基础销售计划 3. 每月享受3000美元的经营额度（即买家成功支付金额），当月支付金额>=3000美元时，无搜索曝光机会，但店铺内商品展示不受影响；下个自然月初，搜索曝光恢复。	无论何种销售计划，店铺均可正常报名参与平台各营销活动，不受支付金额限制。

第4章 跨境电子商务环境下传统外贸企业的转型升级路径分析

A. 开店入驻限制：选择基础销售计划的卖家可发布在线商品数小于等于300，而标准销售计划下一个店铺内在线商品数量上限可达3 000个；特殊类目（Special Category）下每个类目在线商品数量上限5个。后续平台将根据业务情况适时调整，具体以平台通知为准。品牌入驻限制。与速卖通已有的品牌、频道、业务、类目等相同或近似；包含行业名称或通用名称或行业热搜词的品牌；包含知名人士、地名的品牌；与知名品牌相同或近似的品牌；纯图形商标不接受。终止品牌在速卖通经营的规则。该品牌商品由不具备生产资质的生产商生产的，不符合国家、地方、行业、企业强制性标准；该品牌经判定对他人商标、商品名称、包装和装潢、企业名称、产品质量标志等构成仿冒或容易造成消费者混淆、误认的。该品牌经营期间严重影响消费者体验的包括但不限于品牌经营者存在严重售假、产生严重售后投诉，平台保留清退该品牌及品牌经营权限的权利。同一企业主体开多家速卖通店铺限制。产品重合度：店铺间经营的商品不可重复铺货（国家分站除外），若核查到重复铺货严重，平台有权对店铺进行相关处置，甚至关闭经营权限；一个企业在一个经营大类下只允许开3家店铺（特殊情况除外）。

账号重新入驻速卖通限制。售假、资质造假等被速卖通清退的，永久限制入驻；在经营期间由于"服务指标"考核不达标被清退或中途退出经营大类的，在同一年度内将无法再次申请加入该经营大类。

B. 实时划扣交易佣金。商家在速卖通经营需要按照其订单销售额的一定百分比交纳佣金。速卖通各类目交易佣金标准不同，部分类目为订单金额的8%，部分类目为订单金额的5%。同时，速卖通将根据行业发展动态等情况不定期调整佣金比例。

2）物流规则。卖家可自主选择发货采用的物流服务，包括但不限于菜鸟平台的线上物流服务商、菜鸟无忧物流或其他的线下物流方式。但向部分国家发货平台有特殊规定的，卖家应按照该规定进行。卖家须按照如下的物流政策选择发货的物流方式：

A. 俄罗斯。订单实际支付金额>5美元的订单：允许使用标准类、快速类物流服务，不可使用经济类物流服务（即无挂号平邮）及简易类物流服务发货；订单实际支付金额≤5美元的订单：允许使用线上简易类物流服务、标准类和快速类物流服务，不可使用经济类物流服务（即无挂号平邮）及线下简易类物流服务发货；

B. 西班牙。订单实际支付金额>5美元的订单：允许使用标准类物流服务中的"AliExpress无忧物流-标准"（特殊类目商品除外）及快速类物流服务，其他标准类、简易类物流服务及经济类物流服务不可使用；

订单实际支付金额>2美元且≤5美元的订单：允许使用线上简易类物流服务、标准类和快速类物流服务，不可使用经济类物流服务（即无挂号平邮）及线下简易类物流服务发货；

订单实际支付金额≤2美元的订单：允许使用线上经济物流服务的"中外运西邮经济小包"、线上简易类物流服务、标准类物流服务及快速类物流服务，线下简易类物流服务及线下经济类物流服务不可使用。

C. 美国。订单实际支付金额>5美元的订单：允许使用标准类物流服务中的E邮宝、"Aliexpress无忧物流-标准"（特殊类目商品除外）及快速类物流服务，其他标准类物流服务及经济类物流服务不可使用；订单实际支付金额≤5美元的订单：允许使用标准类、快速类物流服务及线上经济类物流服务，线下经济类物流服务（即无挂号平邮）不可使用。

D. 法国，荷兰，智利。订单实际支付金额>5美元的订单：允许使用标准类物流服务中的"Aliexpress无忧物流-标准"（特殊类目商品除外）及快速类物流服务，其他标准类及经济类物流服务不可使用；订单实际支付金额≤5美元的订单：允许使用线上经济物流服务、标准类及快速类物流服务，线下经济类物流服务不可使用。

E. 巴西，乌克兰，白俄罗斯。所有订单不可使用经济类物流服务发货。

F. 除俄罗斯、美国、西班牙、法国，荷兰，智利、巴西、乌克兰、白俄罗斯之外的其他国家。订单实际支付金额>5美元的订单：允许使用标准类及快速类物流服务，经济类物流服务不可使用；订单实际支付金额≤5美元的订单：允许使用标准类、快速类物流服务及线上经济类物流服务，线下经济类物流服务不可使用。

卖家发货所选用的物流方式必须是买家所选择的物流方式，未经买家同意，不得无故更改物流方式。卖家填写发货通知时，所填写的运单号必须真实并可查询。

3）评价规则。平台的评价分为信用评价（Seller Summary）及店铺评分（Detailed Ratings）。其中"信用评价"包括"好评率"和"评论内容"，"评论内容"包括"文字评论"和"图片评论"。"店铺评分"是指买家在订单交易结束后以匿名的方式对卖家在交易中提供的商品描述的准确性（Item as described）、沟通质量及回应速度（Communication）、物品运送时间合理性（Shipping speed）三方面服务作出的评价，是买家对卖家的单向评分。信用评价买卖双方均可以进行互评，但卖家分项评分只能由买家对卖家作出。

所有卖家全部发货的订单，在交易结束30天内买卖双方均可评价。买家提起未收到

第4章　跨境电子商务环境下传统外贸企业的转型升级路径分析

货纠纷且发生退款，退款结束后，交易结束30天内买卖双方均可评价，但不计入好评率。对于信用评价，买家评价即生效；双方都未给出评价，则该订单不会有任何记录。

商品/商家好评率（positive feedback ratings）和商家信用积分（feedback score）的计算：

A. 相同买家在同一个自然旬（自然旬即为每月1~10号，11~20号，21~31号）内对同一个卖家只做出一个评价的，该买家订单的评价星级则为当笔评价的星级（自然旬统计的是美国时间）。

B. 相同买家在同一个自然旬（自然旬即为每月1~10号，11~20号，21~31号）内对同一个卖家做出多个评价，按照评价类型（好评、中评、差评）分别汇总计算，即好中差评数都只各计一次（包括1个订单里有多个产品的情况）。

C. 在卖家分项评分中，同一买家在一个自然旬内（自然旬即为每月1~10号，11~20号，21~31号）对同一卖家的商品描述的准确性、沟通质量及回应速度、物品运送时间合理性三项中某一项的多次评分只算一个，该买家在该自然旬对某一项的评分计算方法如下：平均评分=买家对该分项评分总和/评价次数（四舍五入）。

D. 以下3种情况不论买家留差评或好评，仅展示留评内容，都不计算好评率及评价积分：一是成交金额低于5美元的订单。（成交金额明确为买家支付金额减去售中的退款金额，不包括售后退款情况）；二是买家提起未收到货纠纷，或纠纷中包含退货情况，且买家在纠纷上升到仲裁前未主动取消。三是运费补差价、赠品、定金、结账专用链、预售品等特殊商品（简称"黑五类"）的评价。除以上情况之外的评价，都会正常计算商品/商家好评率和商家信用积分。不论订单金额，都统一为：好评+1，中评0，差评−1。

E. 卖家所得到的信用评价积分决定了卖家店铺的信用等级标志。评价档案包括近期评价摘要（会员公司名、近6个月好评率、近6个月评价数量、信用度和会员起始日期），评价历史（过去1个月、3个月、6个月、12个月及历史累计的时间跨度内的好评率、中评率、差评率、评价数量和平均星级等指标）和评价记录（会员得到的所有评价记录、给出的所有评价记录以及在指定时间段内的指定评价记录）。

好评率=6个月内好评数量/（6个月内好评数量+6个月内差评数量）

差评率=6个月内差评数量/（6个月内好评数量+6个月内差评数量）

平均星级=所有评价的星级总分/评价数量

卖家分项评分中各单项平均评分=买家对该分项评分总和/评价次数（四舍五入）

对于信用评价，买卖双方可以针对自己收到的差评进行回复解释。速卖通有权删除评价内容中包括人身攻击或者其他不适当的言论的评价。若买家信用评价被删除，则对应的卖家分项评分也随之被删除。速卖通保留变更信用评价体系包括评价方法，评价率计算方法，各种评价率等的权利。

4) 搜索排名规则。产品在速卖通平台搜索页面的排序包含多种因素，主要包括商品的信息描述质量、商品与买家搜索需求的相关性、商品的交易转化能力、卖家的服务能力、搜索作弊的情况。

搜索排序的原则。Aliexpress搜索的整体目标是帮助买家快速找到想要的商品并且能够有比较好的采购交易体验，而搜索的排名的目标就是要将最好的商品、服务能力最好的卖家优先推荐给买家，谁能带给买家最好的采购体验，谁的商品就会排序靠前。

在排序过程中，对于所有的卖家采取相同的标准，给予表现好的卖家更多的曝光机会，降低表现差的卖家曝光机会，甚至取消曝光机会。提倡卖家间公平竞争，优胜劣汰，能够提供最好的采购体验给买家，让更多的买家满意愿意来平台采购，最终促进市场的良性发展。

搜索排序机制。影响卖家搜索排名的因素很多，简单来说概括为以下五大类：商品的信息描述质量、商品与买家搜索需求的相关性、商品的交易转化能力、卖家的服务能力、搜索作弊的情况。

首先商品要如实描述且信息完整、准确，其次商品与买家搜索或类目浏览的需求非常相关，在这个基础上，会综合考虑商品的转化能力和卖家过往的服务表现，商品转化好、卖家服务好的商品会排序靠前，但如果有相关的搜索作弊行为，将会大大影响商品的排序甚至没有排序的机会。

A. 商品的信息描述质量。商品信息应如实描述，这是最基本的要求。卖家销售的是什么样的商品，在商品描述的时候一定要真实、准确地告诉买家，帮助买家快速地做出购买决策。由虚假描述引起的纠纷会严重影响排名情况甚至受到平台网规的处罚。

商品描述信息尽量准确完整，商品的标题、发布类目、属性、图片、详细描述对于买家快速做出购买决策来说都非常重要，务必准确、详细地填写。

标题是搜索上面非常关键的一个因素，卖家务必在标题中清楚的描述清楚商品的名称、型号以及关键的一些特征和特性，帮助买家一看就清楚的知道卖的商品是什么，从而吸引买家进入详情页进一步查看。

第4章 跨境电子商务环境下传统外贸企业的转型升级路径分析

发布类目的选择一定要准确，切忌将商品放到不相关的类目，不但买家搜到的概率比较小，而且情况严重会受到平台的处罚。

商品的属性填写一定要尽量完整和准确，因为这些属性将帮助买家快速的判断商品是不是他们想要的商品。

商品的主图是商品的一个不可或缺的部分，买家更加喜欢实物拍摄的高质量、多角度的图片，因为这些能够帮助他们清楚了解卖家的商品，从而做出购买决策。

详细描述的信息一定要真实、准确，最好能够图文并茂的向买家介绍商品的功能、能点、质量、优势，帮助买家快速的理解。商品图片实物拍摄，美观、整洁、大方的页面排版设计，会吸引买家的眼球，提升商品成交的机会。配以高质量的图片展示。提倡卖家能够对自己所销售的商品进行实物拍摄，在进行展示的时候，能够进行多角度、重点细节的展示，图片清晰美观，这些将有利于让买家快速了解其商品，做出购买的判断。严格禁止盗用其他卖家的图片，因为这样做不但会让买家怀疑卖家的诚信，并且将会受到平台严厉的处罚。如果图片被其他卖家盗用，请直接联系平台进行投诉，有专人负责受理并严厉处罚盗用图片的卖家。

B. 商品与买家搜索需求的相关性。相关性是搜索引擎技术里面一套非常复杂的算法，简单地说就是判断卖家的商品在买家输入的关键词搜索与类目浏览的时候，与买家实际需求的相关程度，越相关的商品，排名越靠前。

在判断相关性的时候，最主要是考虑卖家商品的标题，其次会考虑发布类目的选择、商品属性的填写以及商品的详细描述的内容。

有助于卖家获取更多曝光机会的几点建议：

标题的描写是重中之重，真实准确地概括描述商品，符合海外买家的语法习惯，没有错别字及语法错误，请不要千篇一律的描述，买家也有审美疲劳。

标题中切记避免关键词堆砌，比如"mp3, mp3 player, music mp3 player"这样的标题关键词堆砌不能帮助提升排名，反而会被搜索降权处罚。

标题中切忌避免虚假描述，比如卖家销售的商品是MP3，但为了获取更多的曝光，在标题中填写类似"MP4/MP5"字样的描述，平台有算法可以监测此类的作弊商品，同时虚假的描述也会影响商品的转化情况，得不偿失。

商品发布类目的选择一定要准确，正确的类目选择有助于买家通过类目浏览或者类目筛选快速定位到您的商品，错误的放置类目会影响曝光机会并且可能受到平台的处罚。

商品属性的填写完整准确，详细描述真实准确有助于买家通过关键词搜索、属性的筛选快速的定位到卖家的商品。

C. 商品的交易转化能力。平台看重商品的交易转化能力，一个符合海外买家需求、价格/运费设置合理且售后服务有保障的商品是买家想要的。会综合观察一个商品曝光的次数以及最终促成了多少成交来衡量一个商品的交易转化能力，转化高代表买家需求高，有市场竞争优势，从而会排序靠前，转化低的商品会排序靠后甚至没有曝光的机会，逐步被市场淘汰。

一个商品累积的成交和好评，有助于帮助买家快速地做出购买决策，会排序靠前。如果一个商品买家的评价不好，会严重地影响商品的排名。

D. 卖家的服务能力。除商品本身的质量外，卖家的服务能力是最直接影响买家采购体验的因素，平台期望能够一起将最优质的服务提供给买家。在搜索排名上面，能提供优质服务的卖家排名将靠前，服务能力差、买家投诉严重的卖家会受到排名严重靠后甚至不参与排名的处罚，同时也可能会受到平台网规的相关处罚。

会重点观察卖家在以下几方面服务的表现：

卖家的服务响应能力。卖家的服务响应能力包含在阿里旺旺（TradeManager）以及Contact Now 邮件的响应能力上。合理地保持旺旺在线和及时地答复买家的询问将有助于提升卖家在服务响应能力上的评分。

订单的执行情况。卖家发布商品进行销售，承诺了发货时间，就应该兑现对于买家的承诺。买家付款后，便期望卖家能够及时的发货。无货空挂、拍而不卖的行为将对买家的体验造成严重的影响，也会严重的影响卖家所有商品的排名情况，情节严重的卖家所有商品将不参与排序，当然，在这过程中会排除非卖家责任的订单取消的情况。此外，如果为了规避拍而不卖而进行虚假发货的行为，若视为欺诈行为，将受到更加严厉的处罚。

订单的纠纷、退款情况。卖家在发布商品进行销售时，应该如实描述，向买家真实准确地介绍自己的商品，保证商品的质量，避免买家收到货以后产生纠纷、退款的情况。如遇到买家有不满意的时候，应该提前积极主动的与买家沟通、协商，避免纠纷的产生，特别是要避免纠纷上升到需要平台介入进行处理的情况。对于纠纷少的卖家会进行鼓励，对于纠纷严重的卖家将会受到搜索排名严重靠后甚至不参与排名的处罚，当然，也会排除非卖家责任引起的纠纷、退款情况。

第4章 跨境电子商务环境下传统外贸企业的转型升级路径分析

卖家的 DSR 评分情况。卖家的 DSR 评分直接代表着交易结束后买家对于商品、卖家服务能力的评价，是买家满意与否的最直接的体现，卖家须重视自己的买家的评价情况。会优先推荐 DSR 评分高的商品和卖家，给予更多曝光机会和推广资源，对于 DSR 评分低的卖家进行大幅的排名靠后处理甚至不参与排名的处罚。

在订单的执行、纠纷退款等几个维度上，会同时观察单个商品和卖家整体的表现情况，个别商品表现差，影响个别商品的排名，卖家整体表现差，将影响该卖家销售的所有商品的排名。

E. 搜索作弊的情况。对于搜索作弊骗取曝光机会、排名靠前情况，平台在后续将逐步完善并加大清理、打击力度，还卖家一个公平竞争的环境，保障买家的搜索体验。在这一点上平台方向明确，信心坚定，处理决不手软，以维护一个公平、有序的市场环境。

对于搜索作弊的行为，会进行日常的监控和处理，及时清理作弊的商品，处理手段包含商品的排名靠后、商品不参与排名或者隐藏该商品，对于作弊行为严重或者屡犯的卖家，会进行店铺一段时间内整体排名靠后或者不参与排名的处罚，特别严重者，甚至会关闭帐号，进行清退。

常见的搜索作弊行为有以下几种：

"黑五类"商品的乱放：订单链接、运费补差价链接、赠品、定金、新品预告等商品作为特殊商品存在于网站上面，但没有按规定放置到指定的特殊发布类目中。

重复铺货骗曝光：卖家将同一件商品恶意发布为多个商品进行销售。

重复开小账号抢曝光：卖家恶意注册多个账号发布相同商品进行销售。

商品标题、关键词滥用：在商品的标题、关键词、简要描述、详细描述等处设置与商品本身不相关的品牌名称和描述用语，吸引更多买家注意或误导买家浏览自己的商品。

商品发布类目乱发：将商品发布在不合适的类目中或设置错误的属性会影响网站产品类目列表以及属性筛选的准确性，进而影响到买家的搜索采购体验。

商品超低价骗曝光：卖家发布偏离商品正常价值较大的商品，在默认和价格排序时，吸引买家注意，骗取曝光。

商品价格与运费倒挂：卖家以超低价格发布商品，同时调高运费价格，吸引买家注意，骗取曝光。

发布广告商品：以宣传店铺或者其他商品为目的，发布带有广告性质的商品，吸引买家访问，但不进行真实的销售。

商品销量炒作：以提升商品的累积销量为目的，利用先卖低值商品，后转卖高货值商品以及虚假交易的方式提升商品的累积销量，误导买家。

卖家信用炒作：信用评价并非基于真实的交易体验，而主要是为了提高会员的信誉作出评价或接收评价的行为。

千万不要抱着侥幸的心理去尝试作弊提升曝光和排名，也不要去模仿其他卖家已有的作弊行为，诚信经营，长远发展才是根本。平台目前不是无法识别这些搜索作弊的行为，只是在分步骤实施清理和打击，并且对历史的作弊行为会进行追溯和清理，希望有作弊行为的卖家停止违规的操作并且自发的清理相关的商品。

搜索处罚调控的常见手段。搜索处罚调控的手段作用于卖家的单个商品或卖家的所有商品，根据违规的情节的严重程度在力度上也有所区别，主要有以下三种手段：

搜索降权、排名靠后：一定时间内单个商品或卖家的所有商品的排名较之前有较大幅度的下降，甚至全部只出现在任何关键词搜索结果的最后。

搜索屏蔽、不参与排名：一定时间内单个商品或卖家的所有商品在搜索结果中不出现。

搜索过滤、商品隐藏：在买家搜索时，默认不展示相应的商品，点击特殊链接后展示。

违规及处罚规则（见表4-3）。平台将违规行为根据违规性质归类分为知识产权禁限售违规、交易违规及其他、商品信息质量违规、知识产权严重违规四套积分制。四套积分分别扣分、分别累计、处罚分别执行。

知识产权禁限售违规：知识产权侵权一般违规及禁限售等商品发布违法行为；积分累计达48分，账号将执行关闭。

交易违规及其他：交易违规行为及其他平台杜绝的违规行为；积分累计达48分，账号将执行关闭。

商品信息质量违规：搜索作弊等商品发布违规行为；积分累计达12分及12分倍数，账号将执行冻结7天。

知识产权严重违规：知识产权侵权严重违规行为；侵权严重违规行为实行三次违规成立者关闭账号（侵权情节特别严重者直接关闭账号）

第4章 跨境电子商务环境下传统外贸企业的转型升级路径分析

表4-3 速卖通四套积分体系处罚规则一览表

违规类型	违规规则	处罚
知识产权严重违规	第一次违规	冻结（以违规记录展示为准）
	第二次违规	冻结（以违规记录展示为准）
	第三次违规	关闭
知识产权禁限售违规	2分	警告
	6分	限制商品操作3天
	12分	冻结账号7天
	24分	冻结账号14天
	36分	冻结账号30天
	48分	关闭
交易违规及其他	12分	冻结账号7天
	24分	冻结账号14天
	36分	冻结账号30天
	48分	关闭
商品信息质量违规	12分及12分倍数	冻结账号7天

积分清零逻辑：四套积分的每个违规行为的分数按行为年累计计算，行为年是指每项扣分都会被记365天，比如2013年2月1日12点被扣了6分，这个6分要到2014年2月1号12点才被清零。

（4）敦煌网。

1）产品搜索排序规则。在敦煌网平台，买家通过搜索功能查找产品，而这些产品的搜索结果会按照某种顺序展现出来，这种提供产品搜索结果、产品展示顺序的规则叫做产品搜索排序规则，即产品排序规则。

根据敦煌网平台的搜索数据统计，在产品水平同等的条件下，产品排序每提高一名就能提升3%~5%的曝光量，排序每提高一页，相应的曝光量将会增加300%以上。为了使产品有更多的曝光机会，获得更多的成交机会，需要了解产品搜索排序规则、分析影响排序规则的各大主要因素，更贴切地掌握产品排序技巧。

影响产品搜索排序的因素主要有产品相关性、产品质量、卖家服务质量、投放曝光系统和违规惩罚等5种。

A. 产品相关性是指产品与关键词或类目相匹配的程度。当用户搜索关键词或者类目时，会与产品的多项信息进行匹配，如标题、类目、长描、短描、属性等。所有可以被匹配到的结果都会出现在搜索列表页。匹配度越高的产品，得分也就越高，排序就会越靠前。这几个的相关度是相互关联的，即如果标题匹配，但短描不匹配，或者短描详描匹配，而类目不匹配，得分就会受到影响。因此，建议广大卖家：产品一定要上传至准确的类目；产品名称尽可能准确全面的描述产品；产品属性尽量完善。

B. 产品质量指产品是否为优质商品，产品质量从根本上决定了买家是否会最终下单并成功支付。此项分数影响因素较多，主要有四方面：产品销售额、产品转化率、产品价格、图片数量。产品销售额：产品的售出情况和金额。售出越多，分数越高。产品转化率：产品被曝光后获得的点击和购买情况。转化率对新品尤其重要。产品价格：产品定价要合理，会从销售数据、同类商品市场价格等多方面来判断产品的价格是否合理。对于恶意压价和抬价的产品会予以减分。

图片数量：对于产品图片，平台对产品图片的数量和质量都会做一个判断，如果数量多，质量高，图片也并非越多越好，在保证数量的同时，一定要兼顾质量。

C. 卖家服务质量。一个用户下单，主要依赖两方面：一是产品的质量，二是卖家的服务质量，二者缺一不可。两者都很好，买家的重复购买也会很高，缺少其中之一，都可能会导致订单的流失，因此，搜索排序非常关注卖家的服务质量。主要从以下几个角度来评判卖家的服务：

重复购买率。这包括回平台重复购买和回到自己店铺重复购买。重复购买率越高，该项得分越高。

好评率。这指在 seller 店铺或者 seller 产品页面的 feedback。好评率率越高，该项得分越高。

纠纷率。这指买家与卖家发生纠纷的次数。平台纠纷协议纠纷售后纠纷都在考量范围内，纠纷率越低，该项得分越高。

退款率。退款率与纠纷率基本相同。每一次的退款都会被考察，由于卖家原因所导致的退款影响很大。

卖家等级。P（优秀商户）T（顶级商户）级卖家在搜索排序中有一定优势。

D. 投放曝光系统。投放产品曝光系统，可以获得一定的加分。

E. 违规惩罚。在搜索中，确立了明确的惩罚制度，最直接的表现，就是搜索降权，扣分。扣分会应用到所有违反敦煌网规定的地方，主要的包括乱放类目、堆砌关键词、发布重复产品、恶意调高调低价格、新品连续退款退货。

第4章 跨境电子商务环境下传统外贸企业的转型升级路径分析

2）商品评分规则（2015年6月22日更新版本）。敦煌网商品评分系统上线后，将从产品图片，产品标题，产品短描述，产品属性，以及产品配送五个属性来评分。具体评分标准如下：

A. 产品图片。敦煌网建议上传的产品图片满足8张，同时加至少一张推广图片。

B. 产品标题。敦煌网建议产品标题的单词数量在16~23个之间。

C. 产品短描述。高分商品的短描述单词数量尽量满足21个以上28个以下。

D. 产品属性。产品属性虽然为非必填属性，但是高分商品的填写率应满足80%以上。

需要卖家注意的是，优化后的商品评分系统，产品短描述和产品标题之间的单词重复度小于50%才可以计分，重复度大于50%的该项仅计25分；这个设定也是为了让卖家能够认真地填写商品短描述，真正提高产品的质量；同时，由于敦煌网的商品类目是根据海外市场的需求产生变动的，因此商品的评分也有可能会随着类目的变动产生变化，卖家需要关注并及时维护商品的得分，以保障在线商品的质量。

E. 产品配送。敦煌运费模板中的物流方式分为优质快递、一般快递和邮政挂号三个等级，敦煌网高分商品的产品配送应满足：选择优质快递（见表4-4），同时要求免邮美国、英国、加拿大、澳大利亚、法国、德国六国之一；整个产品配送部分按照不免邮，提供小包免邮，提供一般快递免邮，提供优质快递免邮四个部分评分，其中免邮国家要求至少免邮美国、英国、加拿大、澳大利亚、法国、德国六国之一。

表4-4 优质快递名单

优质快递	
ePacket	DHL-Online Shipping
UBI Smart Parcel-Online	FEDEX_ IE
SF Hybrid-EU	FEDEX_ IP
SF_ Express	UPS-Expedited
DHL	UPS-Saver
FEDEX	TNT Economy express
UPS	TNT Global express
TNT	DHL-Abroad Delivery
USPS-Abroad Delivery	Fedex-Abroad Delivery
Aramex-Online Shipping	UPS-Abroad Delivery
Equick-express	TNT-Abroad Delivery

3）店铺产品政策。

A. 跨品类经营资质。为提升平台商户和商品质量，提高店铺专业度，提升客户满意度，敦煌网将各行业划分为 13 个经营品类，一个店铺仅能选择一个品类经营，满足一定资质要求的商户可以申请跨品类经营。

跨品类经营申请需满足资质要求：企业商户；注册资金 50 万元以上；税务登记证；商户评级连续三个月为优秀商户或顶级商户；拥有相应一级类目自有注册品牌或品牌授权经营许可。

B. 店铺商品数量限制。为提升平台整体商品质量，减少重复商品，提高优质商品曝光，2016 年 5 月 30 日起，店铺最高产品数量将进行调整。

店铺商品上限见表 4-5。

表 4-5 店铺商品数量上限

商户类型	商户认证类型	商户级别	商品数量上限/件
新卖家 1. 2016 年 5 月 30 日后注册，店铺经营未满 1 年； 2. 店铺注册满 1 年，年销售额≤＄2 500 且年订单数≤10 单	个 人	标准商户	300
		优秀商户	500
		顶级商户	800
		低于标准商户	50
	企 业 （大陆企业/香港企业/个体工商户）	标准商户	500
		优秀商户	800
		顶级商户	1 000
		低于标准商户	50
老卖家 1. 2016 年 5 月 30 日后注册满 1 年，店铺年销售额＞＄2 500 且年订单数＞10 单； 2. 2016 年 5 月 30 日前注册店铺	个 人	标准商户	600
		优秀商户	1 000
		顶级商户	1 600
		低于标准商户	50
	企 业 （大陆企业/香港企业/个体工商户）	标准商户	1 000
		优秀商户	1 600
		顶级商户	2 000
		低于标准商户	50

产品上传数量购买。如需增加店铺商品上限可通过后台增值服务——定制组合中购买商品陈列位 180 天 1 000 个位置 2 500 元。

商户身份变化对应商品数量的调整。由商户身份认证（个人、企业）、商户评级（升

第4章　跨境电子商务环境下传统外贸企业的转型升级路径分析

降级）以及新老卖家转化对应的商品数量变化调整规则：商户评级降级或经营指标不满足销售额>＄2 500、且年订单数>10 降级，对应店铺产品数量将减少，超出限额产品需在 10 个工作日内自行下架，逾期系统将自动下架超额产品；增值购买上传产品数量使用期到未进行续费，系统将自动下架超额产品。系统自动下架规则：保留最近 540 天内有出单的商品；下架顺序：按照上架时间正序排序（上架时间越早的商品优先下架）。

4）产品审核规则。

A. 禁销产品审核规则。当卖家发布《禁止销售（限售）的产品规则》中的产品时，审核不予通过。

B. 未通过侵权产品审核规则。当销售主体为侵权产品，则不予通过，主要分为图片侵权与文字侵权：

图片侵权：图片侵犯注册商标；图片侵犯他人的版权或专利权（案例为侵犯他人版权）；图片侵犯他人肖像权；产品形似品牌产品，且图片有涂抹痕迹；产品形似品牌产品，故意不显示 logo 部位；恶意破坏、侮辱或其他不正当使用各国国旗图；其他侵权行为。

文字侵权：产品标题、短描或长描任一处出现如下情况：产品侵犯知名注册商标；同类产品，产品描述含注册商标的产品线词；同类产品，含注册商标的变型词（部分词）；形似品牌产品，文字暗示产品为侵权产品的语言，如 B LOGO，The world famous brand，Here has the logo 等，如果产品是国产且不形似，不打击形似品牌产品，文字暗示产品为侵权产品的语言，如 big brand，famous brand，all kinds of brand 等。

C. 违规产品审核规则。当卖家出现如下违规发布产品时，审核不予通过：

图片违规。抄袭其他卖家图片；使用官网图片；产品图片模糊；产品图片双水印。

文字违规。乱放关键词（使用多个品牌词、型号词或与上传产品无关的词语）；留联系方式；产品图片名称与描述不符；详细描述有中文字符。

D. 其他违规：

a. 乱放类目。乱放类目指卖家发布产品时选择的类目与产品实际类别不一致。

"other" 类目错放。将既有发布类目的产品放入各级 "Other" 类目中，依违规程度，可能导致产品下架、产品删除和黄牌累记处罚。

二级或其他子级类目错放，实际产品一级发布类目选择正确，次级或其他子级类目选择不正确，产品错放，依违规程度，可能导致产品下架、产品删除和黄牌累记处罚。

一级类目错放。实际产品一级发布类目选择不正确，产品错放，依违规程度，可能导致产品删除和黄牌累记处罚。

准入类目错放。将准入类目的产品放入其他任何目录中，该违规类型将导致产品删除且黄牌累记处罚。

b. 更换产品。禁止将已有一定销售量基础的产品编号中的产品更换为其他产品，以增加曝光量。

c. 重复产品。敦煌网禁止卖家"发布重复产品"，包括禁止卖家在同一账户或关联账户中发布重复产品；禁止卖家在不同类目发布重复产品。卖家违反"禁止发布重复产品"规则或敦煌网其他公示规则，视情节严重，可能导致：产品审核不予通过；产品下架；产品删除；限制更新或上传新产品；限制类目经营；黄牌累计处罚。

同一账户持有人在敦煌网持有一个或多个卖家账户中，任意两个产品有如下任一情况的（包括但不限于），将被敦煌网认定为重复产品：

产品标题相同或者高度相似。任意两个产品的产品标题的单词组成中，排除和实际产品特性无关的字符，剩下的有意义的字母所组成的单词完全相同或者高度相似，无论顺序是否一致。

首图描述的是同一个产品，且标题、属性（尺寸，颜色，数量等）相同或近似。

同款产品，如果其中一件产品首图、标题、或描述已包含了各种销售属性（尺寸、颜色、数量等），然后又以此作为不同规格，分别发布展示。

同款产品，以附带不同的附赠品或附带品分别发布。

同款产品，在没有体现买家不同需求时，通过更改其价格、处理时间、数量、组合方式或其他发布形式进行多次发布。

出售一般或通用的产品，但却发布多个产品：如 AA 电池、通用镜头盖、通用盒子和线缆。

（5）Wish。Wish 97%的订单量来自移动端，App 日均下载量稳定在 10 万次每日，峰值时冲到 20 万次每日，目前用户数已经突破 4 700 万户。Wish 在 Lifestyle 类别中排名第一，在欧洲很多国家也名居首位。对广大商家而言 Wish 的注册非常方便快捷，产品的上传也是简单高效，且专注打造移动用户端。Wish 本身的核心"信息关联"技术，其精准的算法，个性化的推送，能够将客户喜欢的产品展现在 App 移动端。用户群为 16~30 岁的活力群体，消费频率及购买力强大。Wish 目前的主要热门产品类目是 3C、母婴、化妆美容及家居类。针对这些热门品类，2015 年，Wish 进行"自我革命"，先是上线了科技电

第4章 跨境电子商务环境下传统外贸企业的转型升级路径分析

子产品类 Geek App 和母婴类 Mama App，后又推出专门针对"女性经济"的化妆美容类商品的垂直应用 Cute，如今 Wish 已经成长为一个全品类的电商平台。Wish 的主要运营规则如下：

1）产品促销。Wish 可能随时促销某款产品。如果产品的定价、库存或详情不准确，商户将有可能违反以下政策：严禁对促销的产品提高价格或运费；严禁降低促销产品的库存；如果店铺禁售过去 7 天交易总额超过 500 美元的促销产品，店铺将被罚款 50 美元。

2）仿品政策。Wish 严禁销售模仿或影射其他方知识产权的产品。如果商户推出伪造产品进行出售，这些产品将被清除，并且其帐户将面临罚款，可能还会被暂停。直接模仿或复制某一品牌或 logo 的产品、与某品牌或 logo 相似的产品、修改遮盖品牌或 logo 的产品、模仿品牌设计和图案的产品、出现名人或知名模特的产品、图片中展示品牌名称的产品、图片中模糊或遮挡人物面部的产品都将被视作伪造品并禁售的产品。平台会审核所有产品是否属于伪造品，是否侵犯了知识产权。如果发现某款产品违反了 Wish 的政策，则会将其删除并扣留所有付款。商户将会被罚以每个仿品 10 美元。自 2019 年 1 月 15 日 0 时起（世界标准时间），该项罚款金额提高至每个伪造品 50 美元。

3）履行订单。准确迅速地履行订单是商户的首要任务，这样才能收到销售款项。如果一个订单在 5 天内未履行完成，它将被退款并且相关的产品将被下架。如果商户因该政策退款的订单数量非常高，其账户将被暂停。自动退款率是指由于该而自动退款的订单数量与收到订单总数之比。如果此比率非常高，其账户将被暂停。履行率是履行订单数量与收到订单数量之比如果商户的履行率非常低，其账户将被暂停。

4）物流规则。订单准备期一般 1~5 天，运输时间一般小于 14 天，具体还是需要看后台设置。

5）店铺评价。平台每个月都会将产品进行用户服务品质排名，要被界定为高品质的产品，应该始终拥有良好的评论、低退货率、高效的配送效率和较少的客户问题。如果被认定是高品质产品，则能获得被审核时间段内所有未产生退款的订单金额的 1% 作为返利，审核时间将会在被审核时间段的两个月之后。拥有低评价的产品商户需及时优化或者下架该产品，否则 Wish 将移除该评价极低的产品，而且商户要承担该产品相关的所有退款责任。

6）账户暂停。Wish 帐户被暂停的原因主要有：向顾客索取他们的个人信息（包括电邮地址）、要求用户直接打款、提供了不适当的用户服务、欺骗用户、销售假冒或侵权产品、利用 Wish 政策谋取自己的利润、与另一被暂停帐号关联、退款率过高、自动退款率过高、拥有无法接受的高拒付率、拥有大量不带有效跟踪信息的单号、给用户发送空包、使用虚假物流单号、存在过多配送至错误地址的订单、延迟发货订单比率过高等。如果要求用户访问 Wish 以外的店铺，商户账户将处于被暂停的风险，并且/或者面临每次 10,000 美元*的罚款。如果商户的禁售品订单和/或虚假物流订单与收到订单总数之比非常高，则其账户将可能面临暂停交易、扣留货款和减少产品展现量的惩罚。禁售品包括但不仅限于误导性产品。

7）推送算法规则。wish 平台有别于其他移动购物 APP，基本上放弃搜索类目浏览活动等传统的展示方式，利用自己的独特的预算规则将商户的商品精准推送到客户面前，而不被动的依赖消费者搜索，从某种意义上来说，让产品附有了主动积极性，而不再被动的等待。推送产品依据的核心维度主要有违规率、迟发率、取消率、有效的跟踪率、签收率、订单缺陷率、退货率、退款率、反馈及时率、推送转化率等。商户满足的依据越多，系统就会越多的帮其推送。

Wish 的特点如下：Wish 有别与其他移动购物 App；更小的屏幕界面；操作相对困难（相比于 PC 端）；更短的选择时间（冲动性购物）；需求的碎片化；随时随地；基本上放弃搜索类目浏览活动等传统的展示方法；Wish 打造了一套自有的推荐算法，根据用用户推荐他们可能会感兴趣的商品。

4. 主要跨境电商平台运营技巧

（1）行业、产品的选择。店铺定位和产品定位是跨境电商运营的第一步。店铺成功的第一步就是作为一个跨境卖家应该非常清楚地理解自己核心消费市场在哪里，自身优势在哪，客户的需求点在哪里，店铺的特色在哪里，所有的后期推广运营都是以这个点作为基础。传统外贸企业一般都会有一些外贸优势，比如说有熟悉的几个供应商合作伙伴，熟悉国际物流渠道，对于传统的 B2B 网站运营有一定的理解等等。既然有传统外贸的基础，就应该充分发挥自己的经验和优势。跨境电商只是传统外贸的一次升级和转型，梳理一下自身所处外贸行业的核心优势是什么，并思考如何应用到跨境电商的新模式上面。

首先根据自己了解的行业选择对应的产品进行销售，因为自己熟悉的行业做起来更得心应手，进货渠道、成本价格、重量、运费这些指标都有清晰的了解。利用自己的沉淀积累，规划好自己经营的产品种类，发展方向和目标。

第 4 章　跨境电子商务环境下传统外贸企业的转型升级路径分析

一个行业下面很多不同种类的产品，产品的种类越多，接触的客户群体就越大，不能局限于现有的产品种类，要不断地开发新产品，更要做到产品的创新。选品就是要选质量、价格和特性最符合目标市场需求的商品，并且突出自己的竞争优势。

1）以跨境平台作为搜索平台确定热销产品。这是最常规的做法，进入速卖通网站，输入某个关键词，搜索框就会出现"HOT SEARCHES"的关键词，再把这类热词结合如赢搜平台（winsog.com）这样的第三方数据工具就可以得出结论。

2）浏览国外网站选择热销产品。可以经常去浏览一些行业的网站，比如通过Google输入关键词去搜索一些目标海外市场的网站，点击进入这些海外网站的热销排行，特别是那些最新款式的产品。

3）社交媒体的热词。跨境电商网站的核心就是抓住终端客户，现在最大市场需求信息聚集地就是社交媒体，比如facebook，twiiter，pinterest应该了解这些国外社交媒体的习惯和兴趣，关注社交媒体的热词。抓住了社交媒体就等于抓住了真正的市场风口。

4）进入速卖通等跨境平台学习榜样卖家。可以把想做某个产品的品类通过关键词搜索到一个榜样店铺，进入店铺的买家页面通过研究分析买家页面可以找到很多跨境选品的商机。通过研究榜样卖家的买家页面，可以了解到爆款产品的标题、关键词、市场定位、市场活跃度等。也可以通过查询类似于淘宝的交易记录这样的买家记录了解到这个产品客户来源，买家满意度，买家的客户评价。

5）选择一款真正盈利的商品。店铺的盈利问题是最核心的点。判断一件产品是否盈利，首先需要清楚如何去计算一个产品的利润率：

产品利润=零售价格-供应商报价-国际物流成本-综合成本（人工、平台费用、包装、P4P推广成本等）

先选择一个榜样店铺，然后选定产品，观察它的商品价格，销售业绩，再在1688选择一个同类供应商大概了解一下进货价格，算一下基本的综合运用成本，基本上可以算出这个产品是不是有利润，从而判断这件产品的盈利能力。

值得留意的是爆款产品是一个店铺生存的核心，不仅仅是因为爆款产品带来持续的现金流，最重要的是爆款产品可以建立自己稳定的客户群体，打造品牌。对于爆款应该理解产品的几个因素：

A. 产品的利润率是多少，盈利的关键。

B. 通过榜样店铺算出单日的销售数据。

C. 店铺流量转化率。这是一个爆款最核心的数据

6）打造自己产品线。选品的定位一般是 20% 是引流产品，20% 是核心赢利产品，60% 才是常规产品。产品线应该设置关联性，客户都倾向于在一个网站满足自己的购物需求。但是产品线也不能拖太长，因为产品线太长会有压库存的问题，对于运营成本是有很大压力的。对于自己产品线的打造，核心还是在市场实践中不断优化和调整，可以根据日常的经营数据，客户反映，竞争对手的销售情况等数据，最终打造出符合自己核心竞争力的产品线。

（2）产品的上传和定位。在正式开卖之前要确保完成相关产品信息：合乎平台尺寸、分辨率，文字规范的图片，测量包裹的大小、重量、库存、SKU 码，编写翻译产品名称、关键词、使用人群、简介、描述、参数、定价，以上这些自己都要有完整的文档备份，不能只是在平台上信手写来。产品的图片是吸引买家眼球的首要指标，高像素、多方位的产品图片更容易让买家快速地了解产品的详细信息，产品的标题不堆砌，产品的价格在有利可图的前提下做到同行业相对较低，产品描述要尽可能清晰地让买家详细地了解这个产品，大小、尺寸、重量、颜色这些指标要在产品描述中详细的有序列出。这样产品才能在偌大的产品海洋中有竞争力，才能脱颖而出。

1）产品上传技巧（以 Amazon 为例）：

A. 导出所有要上传产品的信息，包括 SKU、UPC、产品价格表、图片链接、库存数量、产品三级目录、产品描述等等。如果已经有 API 对接，那么可以先行做一份简单的表，以便对产品进行规划。

B. 按照目录将产品进行分类，这个分类同时对照 Amazon 等平台上的产品分类来进行。通过分类和同类产品的批量处理，基本可以确定每个产品的上线目录，即对应的上线模板"Flat File"以及"Item Classification Guide"。"Item ClassificationGuide"对应模板上的"item_ type_ keyword"，会影响产品所在的目录。

C. 考虑搜索结果的因素，同时按照分类，定义每个上线产品的"search terms"和"keywords"，在这一步，应充分考虑 Amazon 上的曝光规则。

在 Amazon 上，当产品是通过"Add a Product"上线时，"Product Name"、"Brand/Manufacture"、"Search Terms"、"Event Keywords"都会作为搜索关键词考虑在买家的搜索输入里；而当产品通过模板上传时，"Title"、"Product ID"、"Brand"、"Manufacturer/Manufacturer Part Number"和"Search Terms"会作为考虑的关键词。也就是说，对应产品

第4章 跨境电子商务环境下传统外贸企业的转型升级路径分析

的上传方式，要注意相应的可能作为关键词考虑的因素。

关键词在顾客搜索中占的比例是很大的。关键词放的好坏直接觉得你产品链接的曝光率和浏览量，间接影响的就是店铺销量了。在 Search Terms 方面，卖家获取关键词的方法就各显神通的了。找关键词会使用一些搜索亚马逊关键词工具，还有该类目产品亚马逊搜索框推荐的搜索词。Google Adwords，Keyword Tool 等等都可以使用，并且这是一个不断尝试也不断优化的过程，同时也可以通过 Sponsored Products 去寻找长尾词，另外有一些 specific 的参数也可以考虑进来。也可以去亚马逊 top 100 排名网去摘取该类目出现很频繁的关键词。还要学会如何去写产品标题的标题。一般是店铺名+关键词+产品属性+产品功能+适合人群+产品规格+产品颜色。标题要尽量多的放产品的关键词，并且要简洁，不能堆放很多重复词，这样会影响消费者的购买欲望。

这里有几点是需要注意的：

在"Search Terms"里重复使用在"Title"里出现的关键词，并不会有助于搜索。

不要使用引号，当使用引号时，只有当买家搜索的词汇跟卖家的关键词"exactly"一致时，卖家的产品才可能得到曝光，反之，如果不使用引号，如果买家搜索的词汇跟卖家的关键词有 1~2 个词汇重叠到，卖家的产品就有可能展现。

同义词和替代拼写的词语，可以作为关键词的补充。

注意关键词组里词语的逻辑。

注意缩写，不要使用太多缩写，除非确实常见的也比较标准的缩写。

在准备好关键词之后要对同目录下的产品进行分析和规划。如同个品类下的产品，中高低端产品线的分布、产品的卖点、产品的差异、引流产品和利润产品等。Amazon 是一个需要将产品做精细的平台，产品几乎就是卖家的核心竞争力，所以永远不要觉得这个过程是浪费时间的，在这里花的时间绝对是值得的。当清晰了产品的差异化和定位后，后面将会帮助卖家更好地去展示和突出卖点。在明确产品上线的思路和上线需要的最关键的信息后，再整理和组织模板、设置价格和库存。按照模板里的"Instruction"和"Data Definitions"填好模板，上传，"Done"。模板里必填的信息包括 SKU, Standard Product ID, Product ID Type（UPC/EAN/GTIN）, Product Name, Brand, Manufacturer, Product Type, Item Type, Main Image URL, Price, Quantity 等。

D. 当产品上线之后，记得检查，可能会有以下的几种情况需要注意和修正：

"Suppressed Products"。这里意味着产品虽然上传成功，但是并不会上线。这时候需要根据具体的原因，可能是图片缺失，也可能是 title 超字数，等等原因，具体"contact seller support"去解决问题。

"International Matches"。这里意味着 UPC 与 Amazon 的其他站点重复了，因此无法创建新页面。在 Amazon 的所有站点里，每个 UPC 都只能对应一个产品。

2）产品定位技巧。产品定位指产品在特定人群心目中的位置，产品定位可以有效指导产品的选款与开发，可以帮助企业迅速找到市场切入点，让企业少走弯路，还可以有效地把品牌理念融入消费者心智。产品定位包括两个因素：一是此产品的目标销售对像，二是此产品将给目标消费者的价值。解决了产品的定位问题，则产品的销售策略就有了依据，如图 4-4 所示。

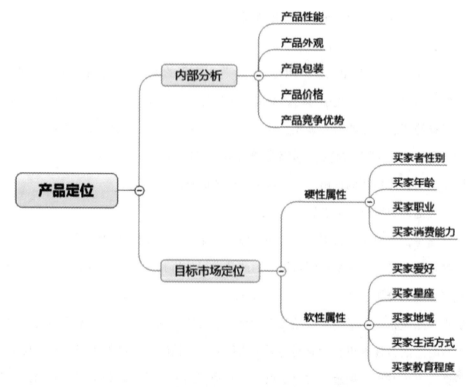

图 4-4 产品定位技巧

（3）店铺的推广和维护。一个精心设计的店铺往往能带来较高的浏览量和收藏量，产品橱窗放一些价格比较有优势的主打产品，再加上商铺装修，尽可能地做出来一个完美的商铺首页，让客户一见钟情，主动收藏。节假日打折促销，平台促销活动的参与也是快速出单的不二法宝，值得尝试。

第4章 跨境电子商务环境下传统外贸企业的转型升级路径分析

产品的数量越多，出单的几率就越高，在产品数量不断增加的同时不能忽视产品的推广，展示计划的推广对于新卖家而言是首选，一键全部推广可以快速地把店铺的产品展现在买家面前，性价比最高。有实力的卖家可以选择平台的增值服务，增值服务确实能带来超高的浏览量和订单量。

以速卖通为例，店铺推广的主要技巧如下：

1) 发布足够的产品。在网店发展初期，商家通过上架更多的产品来提升曝光度是一个不错的选择。电商平台发布的研究数据表明，产品数量达到200多个的网店是数量不足200的网店曝光率的1~3倍，产品品类较为丰富的网店更容易达成交易。此外，卖家在上架产品时要尽量避免一次性将新品全部上传，可以将其按照一定的产品组合分批次上传，从而保证网店内拥有足够多的新品。

2) 橱窗推荐位的使用。合理地使用平台提供的橱窗推荐位是线上卖家有效提升品牌曝光率的有效手段。橱窗推荐位的数量和卖家的信用积分及销量存在着密切的关联，展示在橱窗推荐位中的产品应该是卖家的代表性产品。当消费者发现了让他们感兴趣的产品时，他们才会进入卖家的店铺去浏览。为了吸引消费者的关注，推荐位中的标题要设计的清晰而简洁，合理选用关键词，并通过精美的图片来突出。

3) 参与平台产品推荐活动。跨境电商平台官方也会定期为入住的商家提供各种各样的产品推荐活动，从而让商家对自己的产品进行有效的推广。据官方发布的数据显示，经常参与各种平台产品推荐活动的商家要比普通的商家多出30%~200%的曝光率，产品销量明显提高。

4) 巧用图片银行管理商品图片。图片银行是速卖通官方为广大卖家提供的一种对产品图片进行集中管理的有效工具。卖家可以在图片银行中对图片进行集中上传、搜索、分组、编辑等。当卖家的产品图片随着时间的增长而不断积累时，图片银行的功能将得到更好的发挥。

5) 善用动态多图功能。优质而精美的图片所带来的强大冲击力是商家能够吸引消费者的关键所在。速卖通提供的动态多图功能可以让卖家为自己的每款产品上传1~6张图片，并进行动态展示，从而更加有效地吸引大量消费者的关注。

6) 使用产品互联工具。产品互联工具是指在产品信息展示页面中添加其他产品，从而让消费者在浏览该款产品的时候能够进入另一款产品的展示页面。通过产品互联工具，商家可以有效提升产品曝光度，从而最大程度地满足消费者的多元化及个性化的需求。

7) 利用产品邮件推送工具。产品邮件推送工具是速卖通平台为供需双方提供有效沟通的渠道,当用户订阅了邮件推送功能后,每周都会收到平台发送的优质产品及高信誉卖家的相关信息。卖家通过使用邮件推送功能,可以推荐消费者来订阅自己的店铺及产品信息,在上架新品或者进行优惠促销活动时,能够及时收到通知。

8) 精确的优化描述与标题。店铺中产品的介绍及标题的设计要做到简洁明了,尽量采用图文结合的形式,避免消费者的视觉疲劳。海外消费者更喜欢简洁、朴实、真诚的描述方式,这就要求卖家在进行产品描述时,要控制篇幅,通过关键词来展示产品的特征。①

(4) 订单处理和客户维护。未付款订单要及时的联系客户,站内信,电话多方式联系客户,询问付款的相关情况和未付款原因,促成交易的达成。

随着订单的数量增加,避免不了会遇到一些纠纷和投诉,首先需要做的是尽快和客户联系,了解具体原因,帮助客户解决问题,协商处理纠纷。

站内信要做到及时回复,第一时间针对客户的问题详细的礼貌的回复客户,提高客户的购买体验和服务评级。

英文邮件书写有三个基本要点:第一个要点是清楚(clearness),要求邮件表达的内容主旨分明,用词肯定准确;第二个要点是简洁(conciseness),需要用尽量简短的语句做清楚的表达,并尽量避免用过于复杂的词汇;第三个要点是礼貌(courtesy),英文书写有一定的礼貌用语和要求,但也不用过分地礼貌。

客户购买之后建议跟踪服务,订单物流跟踪,在客户收到产品之后主动联系买家询问对产品是否满意,寻求建议,指导对订单评价,这样往往能带来二次购买,把新客户变成老客户。

日常订单处理过程中可能用到的邮件模板如下。

第一种情景,提醒买家付款:

客户沟通邮件模板-1

Dear Customer,

Thanks for your order,

The item you selected is a high quality one with competitive price. you would like it .

---

① 把妹达人技巧分享. 跨境电商:全球速卖通平台店铺推广技巧 http://baijiahao.baidu.com/s? id = 1573953478078326&wfr=spider&for=pc.

Instant payment can ensure earlier arrangement to avoid short of stock.

Thank you and waiting for your payment.

这用于客户拍下了产品但还没有付款的情况,建议在邮件中提到两个方面。首先,用一两句话概述自身产品最大的卖点,以强化客户对产品的信心。邮件模板中描述产品用了"high quality",并且是"with competitive price",也可以说产品是"most popular"或者"cheap surprise in eye price"。其次,建议提及"instant payment"来确保更早地安排以避免缺货,不过不建议过分强调,以免让客户感到不愉快。

第二种情景,买家付款后库存是有货的,给买家发送订单确认邮件并且告知预计发货时间:

客户沟通邮件模板-2

Dear Valuable Customer,

Thank you for choosing our products.

Your item will be arranged within 24-48 hours to get courier on . And it would take another two days to be online for tracking.

We would check the product quality and try out best to make sure you receive it in a satisfactory condition.

Thanks for your purchase again and we will update courier on to you soon.

这封邮件,建议先告诉客户其产品即将得到安排。模板中提到,其商品将在24~48小时之内安排,并且会得到物流单号(courier no.),不过这个单号需要两天才能在线跟踪(to be online for tracking)。另外,对于客户关心的质量检查(quality checking)以及包装要进行一定的说明,以消除客户的疑虑。

第三种情景,买家付款后库存是无货的:

客户沟通邮件模板-3

Dear Customer,

Thanks for your order. however, the product you selected has been out of stock. Would you consider whether the following similar ones are also ok for you:

https://www.aliexpress.com/item/ ＊ ＊ ＊ ＊ ＊ ＊ ＊ ＊ ＊ ＊ ＊1. html

https://www.aliexpress.com/item/ ＊ ＊ ＊ ＊ ＊ ＊ ＊ ＊ ＊ ＊ ＊2. html

If you don't need any other item, please apply for cancel the order,. and please choose the reason of buyer Ordered Wrong Product. in such case, your payment will be returned in 7business days.

Sorry for the trouble and thanks so much for your understanding.

碰上以上情况，建议向客户推荐类似的产品，并且提供相应的链接以方便点击。如果客户在经过考虑之后决定取消购买，那么可以告诉客户大致的操作流程，建议其选择理由为（卖家拍错了产品）"buyer ordered wrong product"，并告诉客户这种情况下的款项将在7个工作日内退回。

第四种情景，货物发出填入物流单号后：

客户沟通邮件模板-4

Dear Valuable Customer,

Thanks for your order. The product has been arranged with care. You may trace it on the following website after two days:

https://www.17track.net/index_ ern. shtml

Kindly be noticed that International shipping would take longer time (7-21business days for China post, 3-7 for EMS). We sincerely hope it can arrive fast. And you can be satisfied with our products and services.

As well, we would appreciate very much if you may leave us five-star appraisal and contact us first for any question, which is very important for us.

We treasure your business very much and look forward to serving you again in the near future.

这封邮件陈述了三个主要方面的意思：第一，告诉客户产品已经安排发货，可以通过网址查到更新的物流状态。第二，提醒客户国际航运（international shipping）将会比国内物流需要更长的时间。这里可以根据具体安排的物流，给客户提供一个大致的到货时间，这样对方能够得到一个心理预期，从而增加对这种国际商务（international business）的满

第4章 跨境电子商务环境下传统外贸企业的转型升级路径分析

意度。第三，可以提醒客户，给一个五星的评价和一个好评（positive feedback）。

现在介绍一个实际发出的邮件案例：

Hello，＊＊＊

We are happy to tell you we have dispatched your order！You can tracking number：＊＊＊

You can also track the delivery of your order yourself here：www.＊＊＊.com

It usually takes about 30 days for your order arrive，but as this is the shopping season，the logistics companies are very busy and some orders may take slightly longer to arrive.

If you have any questions or problems，contact us directly for help.

可以发现所讲述的意思和模板的几乎相同，只是一些语言改换了不同的表达方式，因此建议，能对自己店铺的邮件模板进行一定的更改，做到个性化，从而增加自己店铺的客户服务风格。

第五种情景，跟催买家作出评价：

客户沟通邮件模板-5

Hello，xxx，

The tracking information shows that you have received your order！Please make sure your items have arrived in good condition and then confirm satisfactory delivery.

Feedback from customers are of vital importance to us. If you are satisfied with your purchase and our service，we will greatly appreciate it if you give us a five-star feedback and leave positive comments on your experience with us！And this will help us improve our products and services.

If you have any questions or problems，please contact us directly for assistance，rather than submitting a refund request.

We aim to solve all problems as quickly as possible！

Many thanks for your time on this！

在跨境电商环境下，用户的满意度和忠诚度永远是最重要的，用户对产品的好评显得尤为重要。有时候可能由于时间方面的原因，或是客户忘记了，因而需要再次跟催客户，对产品做出评价。这种情况首先要告诉客户，五星评价和positive feedback（好评）对卖家产品未来的重要性。其次，如果客户有其他意见或是对产品不太满意，客户也可以先和卖家联系以找到解决方案，最终让客户满意。而当卖家在收到买家的正面评价后，如果再发一封感谢的邮件，这将大大加深客户对卖家店铺的印象。可以先感谢买家的积极评价（positive appraisal），然后可以提一些店铺在未来的发展方向、努力方向，最后期待买家的下次光临（next coming）。① 许多情况下客户不喜欢收到评价请求邮件的原因之一是他们没有这方面的心理准备。消费者的购物"回路"是这样的——"我把钱给你，你提供产品或服务，交易完成"。因此，预先告知消费者希望他们在收到产品后给予评价，简单直接。以下是一个通知邮件例子：

Hi Dear,

Thanks for your trust in us with [problem]. I know we're going to achieve amazing things together! I had a quick question for you:

What can we can say or do to earn a review from you?

We've made our 416 customers very, very happy and they've decided to share their experience. Are you interested in sharing yours? You can share your thoughts here. [link to review sites or review funnel]

Would you let me know?

Jack

第六种情景，收到买家正面评价后：

客户沟通邮件模板-6

Dear Customer,

Thanks for your positive appraisal.

We will strive for providing better services and products for you in the future. Welcome your next coming.

第七种情景，收到买家负面评价后：

客户沟通邮件模板-7

Dear Valued Customer,

We are sorry to see that you left negative or neutral feedback relating to your recent purchase

---

① 黄婧，何志勇. 跨境电商日常客户沟通邮件模板大盘点. http://www.cifnews.com/Article/13163.

第4章 跨境电子商务环境下传统外贸企业的转型升级路径分析

experience from our store.

Please contact us at any time so we can find out why you were unhappy and resolve your problems. We hope then you can revise your feedback into positive feedback for us!

跨境电商在售后服务这一方面能开发的客户和二次客户的潜力是无穷的，在客户维护工作中应注意以下技巧：

1）沟通时保持礼貌是关键。如果经常看欧美剧的人易发现，人们之间的交流方式和风格和国内是完全不一样的。欧美在交流这方面，表现出来的会比较热情，因此，可以经常用一些诸如赞美的话，dear，thankyou 等等当做口头禅，会让客户感到亲切。每个国家的风格都是不一样的，关于交流风格，可以去浏览当地的社区网站或者看那个国家的电视剧电影等。

2）要巧妙地处理退货的问题。大部分退货都是因为质量问题，但是对于跨境电商，特别是零售外贸电商来说，就要分情况处理。如果是运费大于货物的价格，那么可以选择直接退款；如果不是，可以询问运费谁出的问题；一些产品可以设定规定日期内能退货。交流过程中尽量保持好的态度，让客户看到卖家的诚意，即使是退货的客户，也可以发展成二次客户。可以跟对方承诺，下次来购买的话，可以优惠，或者有赠品。

3）增加客户对网站的黏度。国内品牌产品的质量其实都不错，但是欧美客户会对产品的保修信息产生怀疑。因此，在产品详情页面要标注产品的保修详情，加强客户对网站的信任。客户注册信息的时候，可以将客户信息保存下来，例如兴趣和关心的产品种类等。在外贸网站有新品后，以站内短信的形式同时客户。同时，将一些二次购买的客户的习惯和喜好标做备注，在对方来的时候，能更好地明白他们对产品的要求，适当地做一些优惠，或者直接在网站上设置会员打折制度。

4）尽量和客户保持长期的联系。回头客给外贸网站的效益在于：网站的口碑、拉动其他客户的购买等。因此，客户来网站购买产品之后，可以加一下对方的社区账号，欧美很热衷于社区的，一般不会拒绝。在社区账号上了解客户更多的兴趣爱好，也方便向其推荐客产品（可以用外贸网站的站内短信，给客户惊喜推荐）。当然，也可以以交朋友的心态去与客户聊天，建立友谊之后，对方的分享会让外贸电商更了解客户源地区的文化和政策等。

（5）商户评级和纠纷率。商户评级和纠纷率对于一个店铺来说已经是至关重要的指标。为了进一步提升客户体验,引导商户提升产品质量和服务水平,让优质商户和有潜力商户得到更多政策保护和资源奖励。产品质量在竞争激烈的电商行业中尤为重要,高质量的产品往往能带来较高的交易评价和二次购买几率。

一旦产生纠纷,对店铺账号将产生一定的影响,主要体现在不良交易率、卖家服务评级以及账号的信用评价体系,进而影响排名,影响销量。目前的纠纷主要分为物品未收到(INR)和物品与描述严重不符(SNAD)。而从产生的原因来看,主要有如下几种原因:包裹未在承诺的处理时间内寄送;包裹无跟踪信息;包裹信息正常,卖家着急;买家填写的运送地址有误;物流延误,包裹不能在承诺时间到达;包裹被退回;货确实不对板,与描述不符;寄送的产品的质量本身有问题,如货物破损;货品漏发;销售假货;买家主观上不喜欢。

在跨境电商平台上每一个纠纷产生后(以 eBay 为例),卖家都有期待解决结果,如 Buyer has not received the item and wants a full refund 或 Buyer still wants the item。平台也给出了如下的一些建议处理方案:"Provide Tracking Info"、"Issue Full Refund"、"Offer Other Solution"、"Provide Return Info"。当产生纠纷之后,一定要把握住如下几个点:一是抓紧时间联系客户,了解投诉的细节;二是积极沟通,提出合理方案,尽量协商一致;三是 7 天内响应纠纷(拒绝,答应,调整方案)。针对两种不同类型的纠纷可采用不同的处理方式:

1)物品未收到的处理:

A. 包裹无跟踪信息。这一种是一般是很多卖家为了节约成本,都采用不挂号的小包服务,虽然一般的物流公司丢包率不会很高,但出现的问题就是客户咨询的时候无法提供有效的包裹寄送信息。这个时候首先要查发货时间,一般小包会在 20~30 个工作日到达,如果在规定的时间内没收到就直接告诉客户哪天发的货,用的什么运输服务,需要多长时间,如果他在这期间都没收到的货就要及时联系买家,这样客户就比较安心的等待了;如果到了规定时间还没有收到,可以让客服再拖一下客户的时间,比如回邮件说这个周末,如果还没收到愿意重寄给客户,或者就让客户确认一下地址来给自己多一两天的时间,因为有时候小包就在这两天就到了客户手上了。实在不行根据买家的意愿选择退款或重发。

B. 包裹信息正常,卖家着急。这时是有单号可以查的,可以清楚地查询到订单的物流轨迹,可以把订单追踪物流信息详细地提供给买家,让买家耐心等待,货物已经在运送途中,可能在多少天内会送到。

第4章　跨境电子商务环境下传统外贸企业的转型升级路径分析

有一种比较严重的情况就是，卖家在网上查了货确实已经到了，并且有人签收了，但客户还是说没收到。这其实也挺简单的，首先要找出签收人的名是否与发货时写的名字的人是不是同一个人，如果不是就把查到的信息裁图给客户看，也可以让客户自己去查，并告诉客户签收人是否认识，并再一次确认运送的地址是否是正确的，切记不能同客户较劲。

C. 用户填写的运送地址有误。有一种情况是由于地址不详或者不正确无法投递成功而货物退回的情况。

2) 物流品与描述严重不符的处理：

A. 一种就是发货的时候检查过产品确实是好的，这就是客户的问题，但又不能说是客户错了，首先要同客户弄清楚产品究竟哪里不好了，是不能用了，还是有破损了，还是客户自己不会使用，搞清原因就可以对症下药，解决问题后，也可以适当地给客户一些奖励，比如下次购买的时候给9折优惠，或送个小礼品，这样客户会感觉这家的客服做得很好。

B. 另一种情况是发货前没检查过产品是否好坏，也没有检查是否有错发漏发，而且之后证实确实是自己的问题，发生这样的情况要先安慰客户，提出一两个解决的方法让客户自己选择：如赔偿5美元（如果是很小的问题），或重新寄一个新的等等。

C. 买家主观上不喜欢，还有一种情况是客户对质量实在不满意，已经发大脾气了，而且说要向平台投拆，留差评了，这时最好的做法就是及时回邮件道歉，表示愿意全部赔款，再同客户说为了更好地改进产品或者服务，希望他能够把产品不好的原因说一下并拍照片过来，这样做既让客户情绪得到缓和，又可以查明是不是自己的产品有问题，而且这样的案例可以存档，避免以后不会发生同样的错误，同时要注意及时改善刊登的描述。如果证实是买家的责任甚至可以直接上诉到ebay平台，由ebay平台来裁决。

D. 若客户不动声色地留了差评了，处理方式还是上面的方法：写信道歉，承诺愿意全额赔款（包括运费），再同客户说为了更好地改进产品或者服务，希望他能够把产品不好的原因说一下并拍照片过来。等收到客户的回复，知道了原因后，又可以做出选择了，如果是运输问题可参照前面说的来解决，如果是质量问题可参照前面说的来解决，问题都解决了，当然就要客户撤销差评了：首先是要客户同意撤销，再发出撤消信用评价的通知，这样做是因为现在ebay有规定发出撤销通知后，只有10天的时间，过了这个时间就不能再改了。

产品发货之前,建议包装拍照,选用高质量的包装盒避免运输途中的碰撞造成产品的损坏,好的包装也是买家收到货之后对交易评价的重要因素,同时也可以大大降低交易的投诉纠纷。纠纷的避免还可从以下几方面着手:

发货前及时备货,备货 3~7 天正常的;这样能保证在承诺的处理时间内及时发货,如果要更快速的发货及合理的备货,可借助于以马帮 ERP 为代表的各种 ERP 管理软件的协助。这类软件特别是在管理库存方面获得了整个行业的普遍认可。当然选择性价比高、正规的货代也非常重要。

发货后根据包裹的不同物流渠道方式、寄送的不同的国家、以及不同的店铺可以采用不同的消息模板,如包裹发送出去后 1 天的通知邮件,如"E 邮宝"14 天后的关怀索评,要求客户留下好评,有问题及时沟通不要随意开纠纷等,都将显著地提高客户沟通体验,降低纠纷率。

对于一些恶意投诉的买家,要学会维护自己的权益,保障自己的利益不受侵害,及时地提供相关证据,物流运输底单,产品实物图片,及时地联系平台的客户服务,说明相关情况,对部分恶意买家坚决说不。

4.3.2 自建网上商城

自建网上商城是传统外贸企业利用自身的人力和技术资源建立独立的网上商城,不受第三方平台的限制,将产品信息登录在自建的网上商城上,利用企业自身的人力物力将产品直接销售给企业客户或终端消费者。这种方式的转型路径可以使企业迅速获得市场信息和反馈,帮助企业提高品牌知名度,带来更多的销售额;可以在自己的网站上没有数量和种类方面限制地发布产品,拥有巨大的自主性及自由发挥的广阔空间;还可以减少对第三方跨境电商平台的依赖度,有效避免无良买家骗取货款及平台偏袒使卖家无法收到货款的情况。但这种转型路径需要企业投入较多的人力物力资源,是中小型传统外贸企业现有的技术、人力、资金所不能承担的,只有大型的、拥有较多资金的传统外贸企业才能够考虑。我国现阶段利用这种方式转型成功的外贸企业还是极少数,尤其是传统中小外贸企业自建网上商城转型为跨境电商企业需要更为成熟的内外部环境的支持。

自建网上商城主要受运营推广、产品、供应链和技术平台四大因素的综合影响。其中运营推广最为重要,是流量之源,卖家刚开始做独立官网时,切勿做了太多技术工作,反而忽略了推广进度。一般网站初期只要购物流程走顺,信息正确,视觉效果好就可以了,

第4章 跨境电子商务环境下传统外贸企业的转型升级路径分析

卖家工作重点应该是积累推广运营经验，通过实践操作经验积累锻炼队伍。每天主要考察：流量多少IP，收入多少美元，增长多少比例，转化多少订单，新推广多少进展。

自建网上商城的推广手段比第三方平台丰富许多，有SEO（搜索引擎优化）、SMM（社会化媒体推广）、PPC（点击付费广告）、CPC（每点击成本）、SNS（社会化营销服务）、EDM（邮件营销）、CPS（销售分成）、BLOG（博客）/BBS（论坛）、视频营销，甚至其它，卖家可以尽可能尝试，多样化加速引流。而不同于国内电商，欧美客户的诚信体系及消费更为成熟等，使得他们在网购时是基于"我相信你"的心态在购买，一般只要购物流程顺畅，引入的支付系统为当地消费者信任，那么卖家一推广就容易得到消费者认可，加之在流量成本、供应链、产品把控上做到位，跨境独立站要成长起来比国内官网要更快更容易，因为不用花很长时间培育品牌后才能引流。

跨境电子商务环境下的运营推广手段主要有以下三种。

1. 邮件营销

邮件营销作为传统营销方式代表中的一种，仍然风靡欧美各国。随着营销及推广资源争夺愈加激烈，营销及推广成本持续上升，邮件可说是当前性价比非常高的网络营销方式之一。国外有调查显示，零售商在邮件渠道每投入1美元，可以获得40美元的ROI（投资报酬率）。

做好邮件营销，就要懂得其中的游戏规则和特点，否则很难达到预期中的效果。

为了使邮件营销达到与用户进行长期关系维护，建立客户关系和品牌忠诚度等目的，需要随时跟踪用户的浏览轨迹以及使用习惯，分析客户在喜好产品类别、接收设备、阅读时间、购买频次、所处地点等各种属性，而由此给客户定制的个性化邮件将使营销的全程及效果更具可控性，提高营销的精准度。

2. 社交媒体营销

传统营销是销售导向的，也即"将产品/服务信息传播给潜在的消费者"；现代营销则是关系导向的，强调的是"与消费者的互动"。

随着微博、微信、Twitter等社交网络的繁荣发展，企业开始踏入互动式的关系导向型营销时代。但是，如何有效利用却是一个问题。

社交媒体网络间的同质化和有些品牌类似。就拿微博和微信来说，它们就像是社交网络里的可乐和雪碧，各自拥有独特的风格和用户群。所以需要找到最适合企业社交媒体目标和策略的社交网络。并不需要广撒网——只要选择对企业和企业的用户最有效的平台。

选择社交网络需要考虑的因素主要如下：

时间——你有多少时间可以投入在一个社交媒体上？最初的运营阶段，你需要计划每天在每个社交媒体上至少投入 1 小时。

资源——你是否需要新的人员和技能？视觉社交媒体 Pinterest 和 Instagram 都是基于图像和照片的应用，Google+更侧重于有质量的内容。你是否拥有适合这些平台的资源？

用户——你的潜在客户会在哪里聚集？哪个社交媒体有你的用户群？

企业还可以组织一些线下推广活动，实现面对面的互动。然而，这种线下营销不但费用高，而且辐射面窄。如果企业能在线上结合社交网络，同时配合邮件营销这样的方式，做到多管齐下，营销就能事半功倍。

3. 社群营销

综观 2016 年的跨境进口电商，网红成为抢手货，直播成为各大电商平台和商家争相运用的营销方式，网易考拉、蜜芽等平台都纷纷试水。

从明星到草根网红，现象背后，是电商营销逻辑的改变和社群经济的兴起。

社群营销具备趣味化、精准化等特点，因而受到追捧。明星、网红背后是社群，对于平台和卖家而言，这块流量异常肥美。

在跨境进口电商领域，"网红+社群"的组合已被平台所运用。"网红+社群"的组合重新构建了一个新的流量入口，通过有价值内容的分享传递，能带动更多的粉丝及流量，打造独特的营销模式。

社群经济的崛起，给电商带来了更多具有潜力的发展空间。有行业专家认为，在传统电商时代，垂直细分更多是对于品类的细分；社群经济可能促使许多按人群、兴趣、价值观等维度进行细分的垂直电商逐渐崛起。①

可见传统外贸企业自主建站不仅可以解决在第三方平台上会存在的安全问题，减少企业的损失，还可更好地吸引消费者，增加订单量，提高企业经营的效率，大大促进企业的发展，有利于促进传统外贸企业的转型升级，推动其向跨境电商转型。另外，电商企业还可以在谷歌、Facebook、Twitter 等渠道宣传推出自己的网站，一旦点击率高的话，企业利润率会增加，这些方面对于传统外贸企业的转型升级肯定会有一定的促进作用。但鉴于自建网上商城要经过一段时间的试水运营，还要不断优化，建议初期考虑外包，团队成熟稳定后再做考虑；服务商要考虑：是否有跨境电商行业经验，懂行懂卖家需求。此外，其他

---

① 派代网–阿缪. 跨境电商逆势崛起 三大营销策略领跑下半场. brun.com/20161118/202612.shtml.

第4章 跨境电子商务环境下传统外贸企业的转型升级路径分析

配套服务是否能跟上,如培训、日常维护,最后再综合成本因素考虑。

将利用第三方平台和自建网上商城两种转型路径进行比较,可知两种路径都有其优势和劣势。利用第三方平台可以使企业较为迅速地转型为跨境电商企业,而不需要承担过多的资金压力和风险,但这种路径会使企业的发展受到平台所拥有的市场和顾客群的局限,销售额增长速度不快。而自建网上商城可以使企业根据自身定位来进行市场的选定和产品的促销,有利于企业提高品牌知名度,但这种方式需要企业投入大量的资金,有较大的转型风险。对我国现阶段急需转型的传统外贸企业,特别是中小型传统外贸企业来说,两种转型路径中利用第三方平台的路径较为合适。因为利用第三方平台可以使传统外贸企业迅速熟悉这种经营模式,所以不需要承担过多的风险。有能力的传统外贸企业可以在利用第三方平台转型后利用一段时间熟悉跨境电商运作方式,培养自己的顾客群,达到拓宽市场的目的。当时机成熟时,可整合企业各方面的资源,自建独立的网上商城,获得更多的市场份额,提高企业品牌名度。

第 5 章　跨境电子商务环境下传统外贸企业转型升级的对策分析

跨境电子商务环境下传统外贸企业的转型升级，是需要内外部条件相互结合才能得以完成的。具体来说，传统外贸企业想要改变原有传统化粗放型的经营模式，从整体上转变经营理念和经营方针，单单凭借自身所拥有条件是不够的，外部环境条件是保证其转型成功的基础；反之，传统外贸企业面临需要其进行升级转型的条件下，并没有在真正意义上意识到转型升级能够为自身带来的作用，仅是外部条件不断地敦促和逼迫，那么传统外贸企业实质上根本没有完成转型升级，具体模式依然停留在传统模式上。因此，传统外贸企业想要在确保转型升级成功几率的基础上，真正意义的完成转型升级任务，就必须从自身以及外部条件两方面同时入手。概括来说就是，传统外贸企业要加强自身能力建设，努力经营，同时政府通过宏观调控，出台政策制度进行适当鼓励和支持，行业协同，各界顺应跨境电商时代发展潮流，把握机会以此带动转型升级。

5.1　跨境电子商务环境下传统外贸企业转型升级的自身发展策略

传统外贸企业想要进行转型升级，为自身创造更为广阔良好的生存发展环境，同时在确保当前盈利的基础上，增大企业利润获取，需要加强企业核心能力的建设，关键在于培育提升传统外贸企业的核心竞争力。企业的核心竞争力是企业长期发展形成的，蕴涵于企业内质中独具的核心能力，能够支撑企业在过去、现在和未来形成竞争优势，并使企业能够长时间在竞争环境中取得主动。长期积累下来的能够增强企业核心竞争力的内容有技术资源、客户资源、人才资源、企业文化资源和独特组织资源等。企业的核心竞争力建设，是结合其长久生存发展下来独具一格的优势特点以及当前社会环境条件，为适应社会发展而进行企业转型升级。企业的核心竞争力能够随着企业的发展进程持续进行发展和升级，

第 5 章 跨境电子商务环境下传统外贸企业转型升级的对策分析

从而使企业在各种环境下都能够持续获得独特的竞争优势。传统外贸企业本身就已经具备了一定的传承优势，在紧紧抓住这些优势的基础上进一步借助跨境电子商务环境下的政策红利，转变旧有的生产经营模式，进行相应的策略整合，加强内部建设，一定会为其转型升级奠定坚实的基础和创造良好的条件，从而顺利实现转型升级。

5.1.1 强化跨境电商应用意识

跨境电子商务环境下传统外贸企业转型升级，应不断强化跨境电商应用意识，树立正确的跨境电商观念。跨境电子商务正在颠覆传统的企业经营运作模式，推动全球经济朝着高效益、低成本、便捷化、市场全球化、企业协同竞争的方向发展。我国传统外贸企业必须充分认识到在当前激烈的市场竞争环境下，只有率先开展电子商务、与跨境电商相结合来开拓外贸业务，才能在新的一轮竞争中占据优势地位；要认识到跨境电子商务是当今世界潮流，代表着新兴的国际贸易形式，是经济全球化大潮下的一个非常重要的特征，成为中国对外贸易的一大核心增长动力。因此，要真正理解互联网+运作机制，把跨境电商当作企业未来的生存发展之道来对待，把借助跨境电商转型升级当作一个战略项目来做。这主要体现在以下方面：

1. 加深对跨境电商观念的认识

跨境电商是对外贸易的一种新模式，外贸企业管理者需要意识到开展跨境电商并不仅仅是建立产品网站、上传产品信息，简单地将产品从线下搬到线上进行销售，更为重要的还是必须将整个市场营销环节与互联网大数据等现代技术手段发展相融合，树立从生产导向、产品导向转变为以消费者为导向的营销观念，包括产品的前端开发与设计、营销方法手段与内容以及产品的增值和售后服务等。并且应该以可持续发展的眼光看待跨境电商，真正运用互联网思维，对产品、用户以及跨境电商的整体市场发展趋势做出准确性的判断。

2. 优化信息基础建设，不断加强对跨境电商的应用

一方面，传统外贸企业应加大对网络、计算机等软硬件基础设施的投入，积极根据市场定位建设和推广企业网站。完善的电子商务基础设施的建设和专业的企业网站是传统外贸企业有效开展跨境电商的前提。传统外贸企业应加大电子商务信息基础设施建设的投入力度，应该淘汰过旧、速度过慢的计算机，配备最新的计算机设备；增加现代化的摄影器材、电子设备和信息软件，如接入远程视频技术、建立网络会议室、建设内部数据库并实现局域资源共享和及时更新、购置用于产品展示的应用软件甚至是手机 App 等；或者开发引进最新、操作最便捷的图形图像视频处理技术，适应不同客户的需求，以速度快、效果佳为原则，帮助企业更好地实施跨境电商。以消费者体验为中心出发建设企业网站，并加强对网站的日常维护频率，及时更新企业产品信息和回复跟进客户的咨询与售后。同时应用大数据分析客户的消费行为与心理，找准企业形象定位，明确网站的核心内容和主要用途，通过对产品信息、售后服务等各个模块的精心设计打造自己特有的企业和产品形象。也可以在网站上设置交流模块，形成与消费者的关系互动，了解消费者对产品的满意程度以及对产品质量、设计的反馈建议，提升客户参与度和满意度，引导客户重复购买行为；并在此基础上利用网络平台对网站进行推广，提高网站知名度，不断挖掘潜在客户，实现网站建设的收益效果，更好地开展跨境电商业务。

另一方面，要不断推进跨境电商应用的深度与广度。跨境电商不仅仅应用于产品的营销，它还能够应用于提高企业管理效率、升级企业渠道运作模式等企业发展战略的各个层面。我国传统外贸企业应在企业运营中主动探索更高阶段的跨境电商应用，应当借助跨境电商的开展对自身存在的传统经营管理模式加以改造，重新设计与改进企业的业务流程，重塑企业内部管理机制，将原有管理系统变得扁平化和网络化，形成科学的企业治理结构与内部控制制度，加强经营水平和自身竞争力。

3. 提高跨境电子商务应用意识，深耕大数据营销模式

在互联网时代背景下，大数据在跨境电子商务领域中的作用更加明显。大数据（big data），指无法在一定时间范围内用常规软件工具进行捕捉、管理和处理的数据集合，具有海量的数据规模、快速的数据流转、多样的数据类型和价值密度低等特征，数据可以带来新的产值增长动力。互联网的飞速发展促使了大数据营销的产生，大数据营销的产生又从不同的角度对互联网行业的发展发挥作用。

一方面，大数据技术重视从电子邮件、微博、Web 日志、互动社区等多重渠道收集数据，并对获取到的信息进行集中统一分析处理。通过对用户行为数据的滤选、整合与分析，了解消费者的习惯，对产品的偏好与属性，进一步挖掘消费者的需求，以及划分目标消费群体，细分目标市场。根据对客户行为的不断分析，对全球各国大量的不同消费习惯的消费者开展大数据精准营销；另一方面，大数据营销以不断满足客户需求为目标，由单纯的销售某种特定产品向为客户提供产品和服务转变，从而实现效益最大化。在现代化营销模式中，消费者地位不断提升，满足消费者个性化的需求尤为重要。传统外贸企业通过

第5章 跨境电子商务环境下传统外贸企业转型升级的对策分析

分析不同目标市场的语言文化背景、心理诉求等，可开展本土差异化营销，针对大数据反映出来的不同消费者偏好展开差异化运营，进行商品需求预测，将用户的潜在需求融合到产品中，有针对性地向不同客户群体推出相关产品，形成与用户的良好互动并保持黏性，提高客户忠诚度。同时将营销理念转变为受众导向型，以增强海外市场的营销效果，提高企业自身竞争力。此外，客户在网上进行商品搜索后，会在数据库中保留浏览记录，有条件的传统外贸企业还可以开展"云营销"服务，利用大数据发掘潜在的消费者信息，根据消费者自身的需求不断向其推送企业的产品信息与服务。同时不断利用大数据的信息资源优势开展营销活动，了解何种渠道能更好地吸引客户，哪种来源的客户购买数量较多，以实现商业渠道拓展和优化，由此推动传统外贸企业的企业改革和营销模式转型升级。

5.1.2 合理调整产品结构

产品概念是跨境电商背景下传统外贸企业转型升级应把握的最为关键的环节之一。中国是世界制造中心，拥有极为丰富的产品生产线，产品种类齐全。几乎所有产品都可以在传统的对外贸易中进行交易。然而，由于跨境电商受限于物流、通关及消费者消费习惯等方面的问题，因此原先适用于传统外贸的这些产品并不是都能够适用于跨境电商交易中。很多传统外贸企业的产品从种类、价格、运输等等方面都不适合进行跨境电商交易，从而阻碍了传统外贸企业的转型升级，急需合理调整产品结构。产品能否适应跨境电商的经营模式决定着传统外贸企业转型最后的成功与否。所以，传统外贸企业想要实现向跨境电商成功转型，面临的一个较大的问题就是需要调整企业的产品结构，以使企业的产品适合应用跨境电子商务。

1. 原有产品结构存在的问题

（1）原有产品价格不适合跨境电商。价格是跨境电子商务最关键也是最敏感的话题，在某种意义上是决定成交的核心因素。传统外贸企业经营的产品涵盖了各种价位的产品。在跨境电商转型过程中，很多传统外贸企业仍然是根据原有传统对外贸易的经验来选择产品，有高价的，也有低价的。但是外贸企业如果也按照传统贸易方式下的价格模式开展跨境电商业务，如果所选商品单价太低，而跨国物流费用比商品价格还高，那么消费者的购买欲望会降低。并且如果产品价格太低，电商企业根本无法获取充足利润，而且低价商品门槛很低，也非常容易引来众多竞争者，经营起来会较为困难，与开展传统的线下贸易没有多大区别。但价格昂贵的商品，如奢侈品及贵重物品，由于电子商务与传统贸易模式相

— 101 —

比存在信息不对称的问题，跨境电商下买卖双方分处于不同国家，双方更难对对方的信用做出准确判断，因此这类商品较难获得消费者的信任，也不适合做跨境电商，消费者会考虑货物的真假及售后维修服务问题，也不容易促使消费者下订单，没有客户就没有市场。但是如果选择了价格合适的产品，则会极大地促进跨境电商下的对外贸易发展。

（2）原有产品种类不适合跨境电商。中国是世界制造中心，丰富的产品线能够生产出满足本国及世界众多国家需求的各类产品。传统外贸企业经营的产品种类包罗万象，只要是符合国家进出口规定的各类产品，传统外贸企业都会经营。而许多向跨境电商转型的外贸企业并没有开展具体的调研，在确定跨境电商产品时具有很强的盲目性，往往直接将自己原有的产品上架，而不考虑客户需求和产品种类，是否适合于开展跨境电商交易。而很多传统外贸企业就是由于在选择产品种类时产品不适应消费者需求，产品无法销售出去，致使企业在发展跨境电商时收效甚微，从而也影响了传统外贸企业的转型，使得传统外贸企业在向跨境电商转型过程中遭受挫折。因此，只有选择适合跨境电商的产品种类才能更好地推动传统外贸企业的转型升级。

（3）原有产品不方便跨境物流运输。传统外贸企业进出口交易的产品一般都是大宗商品，不论产品的体积大小重量多少、不管质地是否易碎、无论形态如何都可以通过惯常的海运、空运、陆运等多种运输方式来运送，这些产品一般也符合各国相关政策，能够按照一般通关程序正常清关。但是跨境电商产品则有所不同，跨境电商运送产品的方式主要是邮政快递包裹形式和海外仓跨境物流，特别是快递包裹形式受到运输能力、运输条件等的很大限制，原有产品可能是无法适用于跨境电商经营的产品。然而，很多转型跨境电商的传统外贸企业没有意识到这类问题而造成被动，原有产品不适用于跨境电商的类型主要体现在以下几方面：第一，产品体积和重量较大。体积较大及较重的产品跨境运费会非常昂贵，导致物流成本大幅增加进而影响销量。而且有很多体积较大及较重的产品难以找到快递公司接收，这将会导致货物无法顺利送达客户手中，从而影响客户体验。第二，易损坏的产品。货物一旦损坏的话就会涉及退换货等售后问题，这正是目前跨境电商企业面临的比较头疼的问题。因为如果交易双方发生交易纠纷的话，我国企业往往难以核实实际情况，所以，不但需要跨境电商企业额外再花费力气解决，而且如果需要退换货的话，一来一回的跨国运费甚至超过货物本身值，所以有些企业干脆直接给客户重新发货，而不再回收有问题的货物，由此给跨境电商企业造成较大的损失。第三，产品无法正常通关。有些产品是国家明文规定在海关禁止通关的，还有些产品是普通国际快递不接受或无法运送

第5章 跨境电子商务环境下传统外贸企业转型升级的对策分析

的，比如液体、粉末状物品、膏状物、易燃易爆物品、电子元器件及零配件、易腐烂物品等要求复杂的认证或者专门容器，操作起来非常麻烦。这些因素都会影响传统外贸企业向跨境电商转型。

（4）原有产品涉及知识产权侵权。由于国外众多消费者都认可知名品牌，而我国产品普遍没有自主品牌，知名品牌更为缺乏。一些企业为了获取更多的经济利益，不顾职业道德的要求，缺失商业诚信，制造和销售假冒伪劣产品，制造或盗用他人商标。如我国茶叶等不少农产品产量位居世界第一，却缺少一批在国际上叫得响的品牌，因此业内有"千家茶企不敌一家立顿""五常大米甲天下，天下大米假五常"的说法。很多企业的产品都侵犯他人的知识产权。因此外贸企业在做跨境电子商务交易时，屡屡发生被国外企业因知识产权问题而起诉的情况。在海关因各种原因被扣押的产品中，有相当一部分就是由于这些产品是侵犯了知识产权的假冒仿牌产品。除了产品被海关扣押外，由于国际市场和各国消费者对假冒伪劣产品的态度不宽容，因此中国仿制品的大量销售已经让世界各国都采取了非常激烈的办法来应对。如今国内外对于知识产权高度重视，对于侵犯知识产权的行为，处罚力度也是前所未有的。2009年大量的"co.uk"域名被谷歌及英国官方机构联合封杀，这些域名之所以被封杀主要是因为许多中国的企业，特别是沿海地区企业用这些域名来向境外销售ugg，timberland，mbt，ghd等仿牌产品。2012年12月2日凌晨，美国有关部门关停了82家商业网站，声称涉嫌销售假冒产品。其中假冒商品包括运动装备、鞋子、手提包、太阳镜等，大多数都来自中国。谷歌也开始对仿牌关键字进行封杀。亚马逊、eBay、Paypal等跨境电商知名平台都对仿牌零容忍。一旦被封杀，外贸企业的跨境电商店铺甚至是平台就会被关闭，导致很多经营非侵权、非假冒伪劣产品的外贸企业也因此受到牵连而无法进行正常的交易。侵权及制假行为均给我国商品在国外的形象带来严重的负面影响。假冒伪劣仿牌产品成为我国外贸企业向跨境电子商务转型过程中必须根治的顽疾，如果听之任之，那么势必影响传统外贸企业向跨境电子商务的转型之路。值得一提的是，并不是仿牌假冒产品才会侵犯知识产权，不是不使用别人商标就不会侵犯知识产权，对于知名产品的外观和功能的拷贝，也可能会涉及侵犯知识产权。2013年南昌某进出口有限公司就因为选择了一款与雅思兰黛有相同设计元素的眉笔进行跨境销售，而遭到店铺被关闭的处罚。整个跨境电商市场假冒伪劣现象严重，严重影响传统外贸企业向跨境电子商务转型。一旦解决伪劣仿牌问题，传统外贸企业在跨境电商环境下将获得极大的发展。

2. 合理调整产品结构的方法策略

（1）了解跨境电商消费的特点。传统外贸企业在调整和确定自己的产品结构时，必须考虑各国消费者跨境消费的特点，了解这些消费者的消费心理、消费习惯、消费取向，根据这些特点选择自己跨境电商所要经营的商品，对于传统外贸企业卖好产品、开发产品有着至关重要的意义，知己知彼方能百战百胜。当前世界各国消费者跨境消费的主要有以下特点：

1) 追求消费的便利快捷。目前，各国消费者越来越追求更加便利、快捷的生活方式，他们通过各种方式获取生活的便利并实现节约时间的目的。各种能够提高消费者生活效率的产品或服务，都会赢得大多国外消费者的喜爱，因此，跨境电子商务等能够节省跨境消费者处理信息及购物时间的方式越来越普及。消费者渴望无论在何时何地都能立即获取快速便捷的服务，以提高自己消费的质量。如能够高效地进行烹饪、清洁等日常工作的家电产品就颇受欢迎，这就意味着能够有更多时间享受生活，提高生活品质。

2) 多元化、个性化和差异化消费趋势明显。各国消费者的整体消费趋势都在往多元化、个性化、差异化的方向发展。虽然大多同类产品都有趋同性，但各国消费者越来越注重产品间的差异，他们甚至会找寻产品间的细微差异，并将这些差异转变为自己个人的独特性，以凸显自己的与众不同，实现自身个性化的需求。个性化需求的增长意味着消费者会越来越关注消费乃至生产的某一过程，他们甚至会参与产品设计等某一环节，亲手打造这种独特性，使其购买的产品或服务更加符合自身的需要，从而建立自身与某个产品的特殊关系。因此，全球各种定制化产品与服务越来越受消费者欢迎，而向跨境电子商务转型能更好地满足消费者的个性化需求。

3) 更加理性消费，注重产品的高性价比。世界各国消费者更加趋向质量与价值并重的理性消费，要求质量和经济性这两种趋势相结合成为最主要的追求。当今的消费者很多都非常专业，他们进行每次采购都要具备充分的理由，着力让自己每一分钱的付出都能实现价值最大化。尤其是在次贷危机后，不仅仅只有中国人才注重储蓄和为将来打算，即使是美国这类曾经是提前消费成风的国家，其消费者也逐步回归理性消费，在做出购买决策前先充分了解产品相关的信息。随着信息时代的发展，各国消费者能接触到更多信息、具备更多的选择机会，消费者有能力在各类产品中寻找高性价比的产品和服务，改善购买体验，优化消费带来的价值。

4) 偏爱具有文化特色属性的产品。文化因素的影响在国际营销和全球营销中的地位越来越显著，跨境消费者处于不同的国家，所处的区域环境不同，致使文化传统始终存在区别，因此其消费动机会受到所处的文化环境和社会传统的影响。虽然人们可能会有相同

第5章 跨境电子商务环境下传统外贸企业转型升级的对策分析

的消费心理倾向，但各国消费者越来越注重产品的文化因素，他们拒绝所有不具备文化属性的产品；他们越来越多地尝试国外的产品和服务，并且部分认可接受他们，将其融进自己的生活方式，使之与自己的生活方式相匹配，构成生活的基本风貌。因此，跨境电商企业要有感知文化潮流的能力。

5) 更加关注自身及家庭身心的双重健康与满足。随着消费者健康意识的不断增强，他们更加关注自身及家庭生理与精神上的健康，更寻求精神上的安宁、平静与满足。健康食品成为潮流，消费者更关心饮食习惯对健康的影响，这种认识导致了消费者购物模式的变化。消费者对"健康"类食品更为敏感，同时，有益身心的各种休闲运动消费越来越受欢迎。由于快节奏的生活导致了时间的稀缺和工作的压力，因此使消费者可能无暇顾及自身及家庭的精神层面上的需要，然而随着全球各种灾难性事件的不断发生，人们开始思考自己工作与生活的意义，人们重新认识到对个人而言，家庭与朋友是生活中不可或缺的至关重要的一部分。消费者会更加推崇家庭价值以及追求内心平静与满足，他们开始寻求消费带来精神的安定，追求"精神"饮食健康，这使得各种对精神安定与平静有效的水晶、香精油、书籍、音乐等"心灵鸡汤类"产品与服务流行全世界。

6) 追求知名品牌消费。随着消费者文化层次、收入水平、消费观念的不断提升，各国消费者的品牌意识不断增强，对知名品牌也越来越偏爱。早期的消费者中大部分都是追求商品的功能性，只要商品具备相应的功能性就可以得到满足。然而，如今各国消费者对于商品的要求变得越来越高，需求内涵越来越丰富，已不再限于功能的满足，他们会非常关注对产品的全部体验，包括物质的和精神上的体验，在乎产品能否给他们带来感官、情绪或情感上的满足，而知名品牌产品由于设计涵盖各种文化及理念，因此，更为受到消费者的认可和追随。

(2) 选择适合开展跨境电子商务的产品。我国传统外贸企业在向跨境电子商务转型过程中，选择对的适合的产品非常重要，如果仅仅是将产品从线下搬到线上进行销售，结果很可能会无人问津。选择产品时分析跨境买家的消费行为和消费习惯至关重要，主要应注意以下几点：

1) 产品价格的选择。对于跨境电商企业选择销售的产品价格，一般情况下，单件商品的价格在50~500美元之间的较为合适。跨境电子商务产品的售价需要有足够的利润，这个售价区间的产品在利润上有足够的空间，产品利润率一般要达到50%以上，甚至是100%的利润率才能保证企业盈利。这是因为，首先，跨国交易需要考虑到国际运费，如果产品价格太低，而跨国运费比产品价格还高，那么消费者的购买欲望也会降低。而且如果产品单价太低，企业向跨境电商转型根本无法赚取足够利润，同时低价商品门槛低，也非常容易招来众多竞争者，经营起来会比较困难。其次，如果选择的产品单价过高，如奢侈品及贵重物品，则较难获取消费者的信任，消费者会考虑产品的真假及售后维修服务问题，也不容易促使消费者下订单。

2）选择适应境外消费者需求的产品。消费者的需求是传统外贸企业向跨境电子商务转型的风向标，选择适合跨境电子商务经营的商品应根据境外消费者的需求效用来选择能够满足其需求的产品。首先要对产品市场和产品特性进行研究，据此确定自己的主要目标市场，由于不同国家不同市场的消费者需求和消费习惯会有所差异。比如同一个手电筒，针对澳大利亚的潜水运动爱好者，可能要多注重其防水性能，而在一些内陆国家，则要可能更多地关注其耐摔防震的功能。因此，传统外贸企业要根据目标市场消费者的不同需求特点来选择并确定自己开展跨境电子商务的商品。此外，还应考虑产品品类与品类之间的关系，提高销售和订单产品的相关性。要拓宽产品品类，以应对消费者对该类别产品的不同方面的需求，如为消费者带来生活方便、满足虚荣心、实现自我价值、消除痛苦等方面的生理或心理需求，同时注重提升产品的专业度。

3）选择易消耗且需求量大的产品。在选择产品时最好选择容易消耗的商品，选择易耗产品可以很快促成消费者二次购买产品，容易培养消费者的消费习惯，销量的可持续性会比较乐观，也有利于传播和留住客户。如南昌某进出口有限公司经营的就是容易消耗的眉笔、眉刷类的化妆类产品，所以其销售量一直保持在稳定中有增长的水平。当然还要根据消费者需求情况，选择需求量大、覆盖面广的产品，这样客户群体才会大，才容易推广和销售。

4）注意产品的海关通关问题。有些产品是海关不允许通过或者国际快递是不接受的，除了国家法律禁止的物品外，如液体、粉末状物品、易燃易爆品等等都是不能快递，而药品等则需要专门的快递。因此选择产品时应注意产品是否方便运输及能否通关。另外还需要注意目标市场国家有哪些产品是不接受进口的，如澳大利亚不接受化妆品、珠宝等物品的清关，也不允许进口任何电池。

我国跨境电子商务中涉及的交易产品主要有母婴玩具、摄像器材、汽车配件、3C数码、服装服饰、电脑周边、综合百货、健康美容、家具园艺、珠宝首饰、办公用品、户外用品、安全监控和游戏配件等，传统外贸企业的相当部分产品没有参与跨境电子商务交

第5章 跨境电子商务环境下传统外贸企业转型升级的对策分析

易。传统外贸企业在进行跨境电子商务交易时,交易量最大的是3C电子产品,其次是服装服饰,第三位的是户外用品,以及健康与美容产品、珠宝首饰等(见图5-1)。

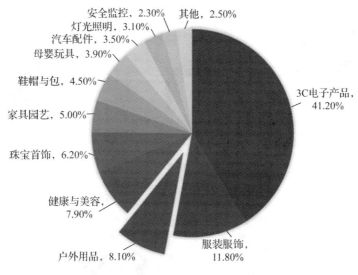

图5-1 跨境电商产品结构分析

资料来源:2017年中国跨境电商市场现状分析及发展趋势预测 http://www.chyxx.com/industry/201607/429994.html

不同市场的热销产品有所不同,如一带一路背景下的东南亚电商市场,从Statista数据显示,新加坡电商交易最大的品类是玩具、爱好和手工品类(Toys, Hobby & DIY品类),在2018年的市场交易额达到11.52亿美元;其次是电子和媒体以及时尚品类,在2018年的市场交易额为10.22亿美元;其中时尚品类2018年的市场交易额达到8.82亿美元。在泰国(见图5-2),目前最领先的电子商务品类是电子和媒体,价值达到14.04亿美元。其中,消费电子的收入为9.4亿美元。玩具、爱好和手工品类(Toys, Hobby & DIY品类)在泰国的电子商务行业中位列第二。随着泰国在线游戏和手机游戏的不断增加,该行业预计将实现强劲增长。其次是时尚品类、家具和电器品类、食品和个人护理品类。目前,越南电子商务市场最大的品类为电子和媒体,2018年的市场交易额达到9.6亿美元,最大的细分市场为消费电子。第二大市场是玩具、爱好和手工品类(Toys, Hobby & DIY品类),2018年的市场交易额为5.98亿美元。马来西亚电子商务市场最大的品类为电子和媒体,2018年的市场交易额是4.77亿美元。其次为家具和电器品类,2018年的市场交易额是3.56亿美元。菲律宾电子商务市场最大的品类也是电子和媒体,2018年的市场交易额达到6.18亿美元。

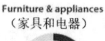
（泰国零售类商品电子商务销售额）
（单位：百万美元）

图 5-2　泰国零售类商品电子商务销售额

资料来源：Statista Graphic@ Asia BriefingLtd. 一带一路背景下的东南亚电商市场，中国跨境卖家有什么机会？http：//m.cifnews.com/article/38115

这些跨境电子商务交易产品的主要特点如下：第一，大多为重量轻、体积小、方便运输而价值高的产品。诸如较重的机械产品及家具、瓷砖、卫浴等体积大、重量重、不方便运输的产品物流成本过高不适于开展跨境电商，或者需要采取海外仓方式。第二，不易损坏或价格低廉的产品。目前中国跨境电商企业出口的畅销产品主要是手机、数码相机等标准化的3C电子产品，还有园艺用品、汽车配件、服装配饰等产品，这些服装配饰大部分都价格低廉，如婚纱、假发等，使中国商家获利不少。这些产品要么质量较稳定或标准化，容易解决售后问题的产品，要么价格低廉出现问题重新给客户发货的损失也不大。第三，能够顺利快递通关，避免了违反海关政策的风险。

（3）实行产品差异化策略。传统外贸企业经营的自主产品时常出现价格战的根本原因

第5章 跨境电子商务环境下传统外贸企业转型升级的对策分析

在于产品同质化,传统外贸企业要摆脱困境,向跨境电子商务转型,走出价格战的怪圈,获得竞争优势并使企业竞争在更高层次上进行,在产品结构调整选择时必须不失时机地实施新的策略——产品差异化策略。传统外贸企业应根据现阶段经营产品状况采取相应的策略,可通过代理不同品牌及产品档次实现多样化,也可结合跨境消费者需求创新研发新产品或实行产品个性化定制。

产品差异化可以通过产品内容、产品形式、产品附加值等方面来实现。

1) 产品内容差异化。实现产品内容差异化的最有效最重要手段是技术创新。传统外贸公司应努力组建专业的研发团队,加大对产品的创新研发力度,建议结合目标市场需求来开展研发,通过技术创新设计出符合境外目标市场客户消费习惯的产品,既可以避免与当地大众产品的正面竞争,也降低了消费者对产品价格的敏感程度,因而一定程度上增强了与客户讨价还价的能力。

产品差异化也可以体现在产品功能上,传统外贸公司可以通过延伸或附加功能的不同来提高企业竞争力。或者接受来自消费者的要求来生产符合客户个性的产品,即私人订制,这类要求往往表现在功能和设计上。增加一些产品功能或设计就能大幅提高产品的档次,减掉一些功能或设计就成为中、低档产品。从而提供不同功能的系列化产品供给,消费者可根据个人的习惯与承受能力选择具有相应功能的产品。尤其值得注意的是,在进行市场产品研发时,一定要重视不同国家之间的文化差异性,各个国家的文化不尽相同,决定了所在国家消费者对产品的需求有所差异,这点从来自不同国家的客户网站上就能够观察到,其网站设计往往是基于本国爱好的产品风格。

2) 产品形式差异化。产品形式差异化主要表现在品牌优化、提高质量和包装美化等方面:①品牌优化。品牌形象的塑造是企业区别于其他竞争者的外在形象展示,提升和塑造品牌形象直接影响产品销量。传统外贸企业可以采用企业视觉形象识别系统来设计和实施品牌战略,优化品牌,塑造区别于其他品牌形象的差异优势,以在激励的竞争中脱颖而出。②提高质量。在开发设计本土市场产品时,也会面临同类相似品竞争,这时消费者对产品好坏的最直接的判断标准是产品的质量,传统外贸企业可通过提高产品质量,如使用好材质、提高加工技术等向市场提供竞争对手不可比拟的高质量产品来提高产品差异化。③美化包装。设计精良的包装可改进产品外观,将产品特点通过包装上的形象传达给消费者,加深对消费者视觉感官的刺激,以此突出产品差异化,进而激发消费者的购买欲望,促进销量。尤其是跨境电商方式下,虚拟电子包装对商品的销售起着相当关键的作用。跨境电商卖家都在对自己商品展示的页面进行装饰、对产品做出更加细致的说明、对产品的展示做更多的调整优化，以带来更多的销售。

3）产品附加值差异化。在产品的附加值层面上，主要是通过提高服务质量和提升客户体验来实行差异化策略。

从细节着手提升客户体验，通过具备专业知识和良好的销售技巧的客服进行售前的专业化服务以及售后的跟踪，为客户提供更多的购物和消费建议，更完善地解答客户的疑问，更快速地对买家售后问题给予反馈，成为客户的"购物顾问"。为提升客户购物体验可以采取以下措施：一是提高发货效率，缩短下单到发货的时间差。这个环节属于商家可控易优化的环节，客户下单后，应做到第一时间发货，并立即通知提醒客户关注包裹动态。从货物发出后每一环节都即时通知到客户，让客户在这一流程中对每一个环节都能够掌握信息。通过及时发货和通知服务等方面让客户感受到效率和关怀，从而得到良好的购物体验。二是客服团队及时跟进发货，务必在顾客发现前妥善解决可能出现的派送延迟、失误等问题。三是每天巡查店铺评价，凡是有负面的评价，一定要及时做出处理，并注意解决问题的态度和手法，以便尽量挽回，以赢取消费者的认同和忠诚。

综上所述，传统外贸企业要获得市场竞争力就必须加强产品的设计能力，开发设计出不同于同行外贸企业的产品，突出公司产品特色，在选品时需避开产品同质化等问题。在设计的过程中还应结合本土市场需求，设计出不同的功能、不同的包装以及制定相应的市场定价。

5.1.3 强化品牌建设

传统外贸企业实施品牌战略有利于建立品质质量效应机制，利于促进出口发展方式从粗放型向集约型转变，企业是优化资源配置、加快产品结构调整、推动企业重组，并在跨境电子商务环境下形成新的国际竞争力的重要途径。在跨境电商蓬勃发展的国际市场新形势下，传统外贸企业强化品牌建设，建立拥有自主知识产品的国际品牌，是从依靠低成本及量的优势向以提高质的发展方式转变，一方面可以提高产品的知名度和企业的国际市场声誉，进而减少国际贸易摩擦，另一方面，强化企业品牌建设，可以产生巨大的国际市场协调效应，成为国际市场营销的工具，实现国际市场占有率的提高。总之，强化品牌建设是传统外贸企业在当前跨境电商环境下不可或缺的转型升级策略。

（1）传统外贸企业应从思想上重视品牌效应对于企业发展的重要性，认清品牌效应对

第5章 跨境电子商务环境下传统外贸企业转型升级的对策分析

于外贸企业向跨境电商转型的重要性；在行动上专注产品品质，加大产品创新的投入。以期尽快创立更多的让大家都认可的全球知名品牌。从短期来说建立销售品牌更优于建立产品品牌，提高外贸企业口碑和知名度，提高客户忠诚度。

（2）明确品牌定位。我国出口一夜之间全都成为世界名牌，这是不现实的，也是不可能的。外贸企业要明确自己经营的产品品牌在国际市场上的定位，确定自己所处的位置，并在在竞争者中的相对优越性，然后突出自身的价值，坚持自己的理念，这样，即使是中小传统外贸企业一样能够成为小行业和细分领域中的名牌。如自诞生以来就一直强调除菌的舒肤佳，几十年过去了，舒肤佳始终坚持除菌理念，获得了一代又一代消费者的一致好评及认可。针对产品侵权问题政府加大对伪劣假冒产品的打击力度，从重从严处罚侵权及假冒伪劣产品，杜绝假冒伪劣产品。

（3）不断创新。"中国制造"经过了30多年的发展，经过了国外技术壁垒，"绿色"壁垒等的重重考验，可以说现在我国出口产品的质量绝对不成问题，甚至达到国际顶尖水平，但我国出口产品的创造力是缺乏的。我国企业可以很快的模仿出山寨产品，但却很难做出畅销国际的自主产品，需知模仿从来不能成就品牌，只有创新才是企业发展的动力。"苹果"的成功源于乔布斯无情无尽的创意。很多国外奢侈品在登陆中国之后，都结合中国本地的特点在进行营销时，对各个方面进行了创新。因此，国内各企业要至始至终本着创新的理念，运用创造性思维，在营销模式创新，在理念创新，产品创新，服务创新等方面找到独特的路径。

5.1.4 完善售后服务体系

目前跨境电子商务环境下我国传统外贸企业的售后服务体系不够完善，主要体现在以下两方面：

（1）退换货体系不完善。跨境电商各国消费者由于网络的便捷和跨境电商的发展，因此只要通过电脑甚至是手机等就能轻松在全世界任意购买服务和商品。然而，随着交易越来越繁荣，由于购买前不能验货及国外消费者尤其是欧美地区的消费者"无理由退货"的消费习惯和消费文化而使得退换货的可能性更大。但是我国传统外贸企业的退换货系统还不完善，还存在较多的缺陷，这些缺陷主要如下：第一，退换货运费的担负责任不明确，运费过高，交涉时间太长，手续繁琐。第二，沟通不顺畅，在网上购物有很大的语言障碍。比如，在购买商品前很多消费者因为语言障碍不能很好地理解甚至根本无法看懂网站上对于商品的说明；还有很多消费者在购买后无法看懂商品说明，从而无法使用产品，更无法对产品进行良好的维护；另外，如果交易出现问题，由于语言障碍买卖双方而无法进行协商沟通，也就无法获得售后支持。第三，退货问题在交易过程中在所难免，然而，海关对于退货产品在通关时税收如何征收是否征收都没有明确规定。第四，国际物流由于种种原因而不支持退换货。这些缺陷使得消费者在进行跨境购买时有诸多顾虑，甚至很多消费者由于这些顾虑而放弃在线跨境购买。这极大地阻碍了传统外贸企业向跨境电商转型，要实现顺利的转型，必须解决退换货体系的问题。

（2）纠纷处理体系不完善。根据ebay统计数据显示：中国大陆地区卖家所有在eBay平台上完成的跨境电商交易中，平均纠纷率是5.8%，这个水平远远高于世界平均纠纷率2.5%。由于在互联网上进行的跨境电商交易普遍缺乏有效的证明，比如合同文本、购物凭证或服务单据等，因此使得跨境电商交易比传统外贸更容易出现纠纷争议问题。跨境电子贸易的纠纷主要有以下几种：第一，电商企业无法交货的纠纷；第二，卖方交货延迟纠纷；第三，卖方交付产品质量有问题纠纷；第四，卖方所述产品信息虚假纠纷；第五，由于语言障碍产生的纠纷。这些都需要完善的售后服务才能得到解决。

然而，由于跨境电商的纠纷解决体系还不完善，因此，从跨境电商所购得的产品，是很难像国内的电商那样处理纠纷。一旦产品的质量有问题，需要投诉时，很多消费者都是投诉无门，即使有些跨境电商企业有纠纷解决机制，也并不完善。繁琐冗长的一系列的售后过程容易使消费者打消退货的想法。也有很多消费者会担心购买商品后出现争议所需的庞大的时间成本而放弃通过跨境电商购买所需商品。很多跨境消费者正是由于担心无法退换货，无法正常地处理电商企业无法交货、卖方交货延迟纠纷及卖方交付产品质量有问题等纠纷争议而放弃购买。据美巧尔公司对日本的调查结表明："不良商品、伪劣商品、服务不周到等纠纷在日本占第一位"。

没有完善的售后服务体系对于跨境电商市场的发展影响很大，进而对我国传统外贸企业的转型形成障碍。传统外贸企业要向跨境电商转型，必须完善售后服务体系。

1. 建立或租借海外仓库

要解决跨境电商过程中的售后问题，较好的做法就是建立海外仓。建立海外仓是指在境外产品销量大的国家购买或者租用货物仓库，然后将要销售的货物运送至国外的货物仓库，销售的时候通过该仓库配送发货，以达到当地销售、当地配送的目的。海外仓可解决如下问题：

第 5 章　跨境电子商务环境下传统外贸企业转型升级的对策分析

（1）解决货物破损、送货延迟问题。只要有海外的仓库，将货物运到海外的仓库，在当地的配送，就可以很好地解决运输过程中导致的货物破损问题。海外仓还可以规避物流高峰，可有效地解决由于运送货物导致的货物延迟的问题。跨境电商的货物都是以小包、包裹的形势通过国际物流运送，在节前、节后运送量会比较集中，发货量大，此时，国际物流商难以超负荷运载，会出现货物的大量围积，致使货物延迟送达消费者手中，使很多消费者因此放弃购买，海外客户也因此流失。但如果外贸企业拥有自己的海外仓，跨境电商企业就可以提前根据以往的情况对下一段时间的需求量进行预计，预计将来一段时间需求量大的产品可以提早将货物运送到海外仓，按销售预计来预算未来一段时间的销售量，将需求量大的货物提前发到海外仓库，这样就可以有效地避开物流高峰，解决货物破损及送货延迟的问题。

（2）解决退换货问题。由于跨境在线购物的退换货的繁琐冗长的过程及国际物流各公司都很难提供跨境购物的退换货服务，因此使得很多跨境消费者担也无法退换货而放弃购买。而如果企业自己有海外仓的话，不需要通过物流再千里迢迢地处理退换货的问题，只要通过设在当地的海外仓退货换货。这正好符合国外消费者无理由退货的消费习惯和消费文化，有助于外贸企业向跨境电商的转型。

（3）提高产品的竞争力。如果外贸企业在境外拥有仓库，那么企业将货物发运至自己的海外仓库，就可实现在消费者所在国当地发货。特别这种做法可以使物流成本得到大幅下降，成本降低了，外贸企业利润将会得到大幅的提升。同时，成本的降低还可以使货物的价格降低，那么企业在价格上就具有优势，在国际市场上会具有更强的竞争力。

建立海外仓的成本相对而言比较高，只有有实力的传统外贸企业才可能有能力去做。不过，实力不够的外贸企业可以选择向拥有海外仓的企业租借，这样使用海外仓的成本就大大降低，售后问题大部分都可以得到解决。

2. 跨境售后服务落地

无论是跨境出口还是进口，售后服务都是需要落地解决的难题。服装等日用品和食品的服务基本只有退、换两种模式，但是电子产品涉及保修期的维修，涉及三包期的法律强制条款。此外，除了传统手机家电类产品，刚刚崛起的无人机、机器人、智能穿戴设备更需要海外一站式服务解决方案。因此传统外贸企业向跨境电商成功转型对当地售后服务有实际的落地需求，并且在考虑当销售达到规模以后建立完善的服务体系。但是每个国家的政策法规不同，税收制度不同，所以服务的全球化进程相对于销售要难很多。如图 5-3 所示。

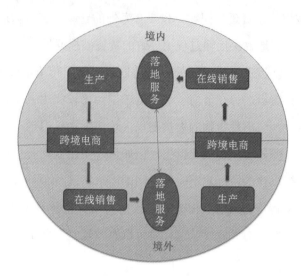

图 5-3 跨境售后服务落地

资料来源：椰青电商

在消费升级的情况下，个性化、高品质的消费需求突显，但根据 iiMediaResearch（艾媒咨询）数据显示（见图 5-4~图 5-6），只有 51.7% 的海淘用户表示对海淘经历满意。67.2% 网民表示对出现商家消极对待的售后服务表示担忧，此外，无处申诉维权也是海淘用户较为忧虑的因素，其占比为 59.1%。艾媒咨询分析师认为，海淘市场用户规模庞大，为跨境电商的发展提供巨大市场空间，但整个电商市场中，平台及商家资格审核有待规范，有效解决商品退还时间、保障海淘用户消费权益，已经成为跨境电商平台亟待改善的关键之处。

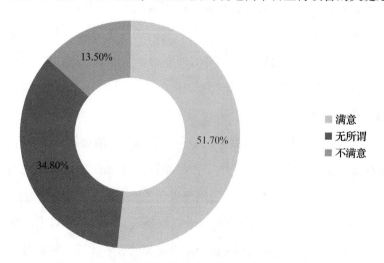

图 5-4 2017 年中国海淘用户针对跨境电商满意度调查

数据来源：iiMedia Research

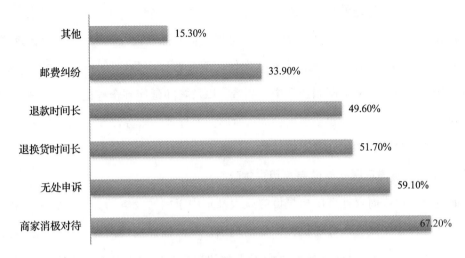

图 5-5　2017 年中国海淘售后服务存在的主要问题

数据来源：iiMedia Research

iiMedia Research（艾媒咨询）数据显示，56.3%网民在跨境电商平台消费过程中，较为看重无理由退换货这一消费者保障权益。此外物流速度、投诉处理速度、运费险、商品包邮也是海淘用户期望跨境电商平台改善的因素。艾媒咨询分析师认为，相对于实体店客服服务，电商客服对于商家整体销售影响较小，中小规模商家建立较完善的售后服务体系所需成本较高，未来跨境电商平台对于商家售后服务管理体系的监督力度有待提升。

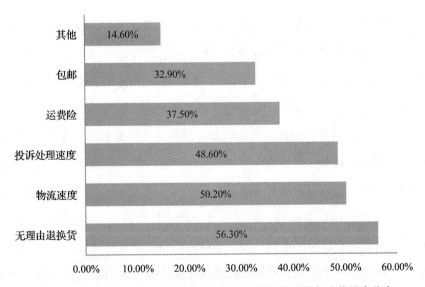

图 5-6　2017 年中国网民期望跨境电商平台商家售后服务改善因素分布

数据来源：iiMedia Research

无论如何，产品流通的全球化在互联网大潮带动下已经势不可挡，销售需求倒逼服务落地的临界点已经到来。可以明确的看到：跨境电商、品牌商/生产商、分销代理商、供应链企业（含快递、仓储、报关）都对落实售后服务布局十分迫切，他们在营销压力下，需要本地化部署服务。从中国制造到中国创造，以及紧随延伸到全球的中国服务，国内跨境电商硬件卖家已经被这一趋势裹挟，涌入全球。海外售后服务需要根据实际情况自成一体，借鉴过往经验，成功的亦或不成功的，是商家进入海外之前的必修课。[①]

3. 多样化开通售后服务渠道完善用户体验

目前电商平台或商家处理用户投诉方式大都集中于网站及电话渠道，解决方式单一，且电话投诉处理存在接听人员随机性，易出现用户多次描述投诉内容，解决问题效率低，未来可以将在线聊天工具与电话相结合，作为解决用户售后服务渠道，减少用户被动式等待，高效率处理用户投诉事件。

4. 强化售后服务人员素质提升企业形象

售后服务人员对外服务水平的高低，会在一定程度上影响商家形象，如何保证售前、售中、售后服务的专业性，提高问题解决能力和水准，保障消费者合法权益，将会提升企业盈利能力，以更高的售后客服体系服务消费者。

5.1.5　储备中高级跨境电商综合人才

中高级人才是传统外贸企业向跨境电商转型的关键因素之一，缺乏高综合型人才，转型企业对市场、产品及转型关键问题完全不了解，那么转型能否成功可想而知。我国高技术的跨境电子商务高级人才缺口为10.5%，主要因为综合型人才要求人才素质高、能力强。特别是高综合型人才要求更高，主要包括以下几方面。

（1）需要在传统外贸企业向跨境电商转型方面能力及经验丰富的行家。而传统外贸企业向跨境电商转型为时尚短，在这方面能力及经验丰富的行家非常缺乏，因此，要聘请到在这方面能力及经验丰富的行家非常困难。

（2）需要具有产品行业背景的专家，对行业产品具有国际和国内两个市场的专业知识。要实现传统外贸企业向跨境电商转型，适合的产品是非常关键的一环，如果产品没有选择对的话，可能会出现不盈利、货物无法运送、无法吸引各国消费者、产品无法安全抵

---

① 倪卫清. 跨境电商平台如何实现售后服务，比如退换货？https://www.zhihu.com/question/26400960/answer/106873307.

第5章 跨境电子商务环境下传统外贸企业转型升级的对策分析

达等情况。但是,很多懂国内市场的产品行业专家不懂国际市场产品行业情况,具有国际和国内两个市场行业产品专业知识的专家也较缺乏。

(3)需要语言方面的行家,尤其是像法语、西班牙语等小语种的语言行家。然而目前出现的情况是学小语种的人很多,但是在小语种方面是行家的不多,而这些不多的行家很多在职业选择的时候不愿意到转型企业工作,而且他们在其他方面诸如市场、产品、供应链管理方面也一无所知。

(4)需要国际化专业人才。要向跨境电商转型,发展跨境电商,必须熟悉当地消费者的想法、爱好及生活方式,那么就需要有对消费者所在国家的文化习俗、法律、语言等非常了解的专业人才。因为从零售角度来说,关键性问题是营销策略。国家习俗,消费者爱好不同,营销策略即需要不同。

(5)需要供应链管理专家。大部分传统外贸企业向跨境电商转型过程中开始都会通过电商平台进行,而所有跨境电商平台的成功主要都归功于对供应链管理的成功。而目前,中国外贸转型过程中拥有这些能力的人才极度缺乏。

由于我国外贸企业在跨境电商方面的中高级人才非常的缺乏,因此我国很多企业无法开展跨境电商的业务,即使有开展了跨境电商的企业,由于没有高级电商人才很多跨境业务因此也没有办法开展。这种状况严重阻碍我国传统外贸企业跨境电商化的发展。传统外贸企业要向跨境电商转型,中级人才及高级综合型人才短缺问题必须解决,否则转型就难以成功。可通过以下几方面解决:

1. 与学校及培训机构合作培养人才

企业可以与高校合作,设立专门的培养跨境电商所需求人才的相关专业,开设专门的课程,根据企业需求培养符合跨境电商企业需要的中级人才及高综合型人才,使其成为具备跨境电商转型方面能力的中级人才,掌握对行业产品具有国际和国内两个市场的专业知识、学会外语,特别是法语、西班牙语等小语种,学习国际化专业知识,熟练供应链管理知识。另外,企业也可以与培训机构合作开设相关的课程对企业已有的人员进行培养,使企业掌握单一跨境电商知识结构的人员或对此一无所知的人员能够获取更多的做好跨境电商需要掌握的知识及能力,使企业高综合型人才结构更加合理。

2. 通过高薪及高待遇吸引人才

(1)高薪导向。金钱是人们生活以及获得更好品质生活必不可少的东西,因此,很多人会被企业的高薪所吸引。所以,企业可以通过高薪来引导大众选择专业的意愿和选择工作的方向,一旦跨境电商方面人才的薪资高于其他行业,那么很多人将会选择向跨境电商需求的人才方向发展。那么适合外贸企业向跨境电商转型升级的人才将会越来越多,选择为向跨境电商转型的外贸企业服务的人也会越来越多。

(2) 好待遇导向。虽然高薪导向可以使很多人选择跨境电商相关的专业,使很多人选择为转型的外贸企业服务,但是,也有相当一部分人在选择专业和职业发展方向时,除了注重职位是否是高薪之外,还会考虑企业的工作氛围、企业形象及企业的晋升机会是否透明。所以,除了高薪之外,公司想要吸引高综合型人才,必须给予相关人才完善的社保制度、员工关怀制度、培训体系、优秀的企业文化和广阔的发展空间,才有可能获得想要的人才。

(3) 从国外引进所需人才。由于技术、人才、物流等的限制,因此我国的跨境电商发展不如很多发达国家,在跨境电商方面的高综合型人才数量上自然也没办法匹敌,高综合型人才在我国非常缺乏,如果想要获得这类人才,一个最直接的办法就所是从外引进。通过猎头公司、朋友介绍等方式,获取国外高级高综合型人才,解决传统外贸企业向跨境电商转型碰到的人才障碍。

5.1.6　提升企业外部敏感度

提升企业外部敏感度可帮助传统外贸企业及时获取外部环境信息,掌握传统外贸和跨境电商发展现化,及时转型。而转型经营跨境电商业务时保持较高的外部敏感度,可助企业及时获取市场信息和竞争对手的信息,保证企业日常经营方向正确。为提升企业外部敏感度,企业需做到以下几个方面:首先,企业管理者需提升对外部环境的观察能力。企业管理者作为企业经营方向的主要影响者,需时刻关注外部有关外贸,特别是有关跨境电商的政策变化,保证转型方向的正确。其次,企业营销部门需提升调研力度和分析能力。传统外贸企业转型的整个过程中,营销部门占据着重要位置,其分析结果影响着转型的前期工作是否充足。营销部门在转型过程中需提高对外部环境、消费者和竞争对手的调研力度,快速搜集市场信息并分析个中影响,在企业经营出现问题时快速反应,提出解决对策,保证企业运营模式适合跨境电商的发展方式。最后,提高企业从上到下的思考能力。不管是高层管理者还是营销、人力、运营部门的员工都需保持高度的思考能力,将所得到的外部环境信息与企业自身相结合进行思考。通过思考,合理配置企业人力物力资源,使其适应外贸环境的变化。

5.1.7 加强内部管理的科学性

加强内部管理的科学性可帮助企业合理配置内部资源,保证企业从上到下各个环节的运转流畅,助企业转型成功。加强内部管理的科学性包括对物和对人的管理两方面。

传统外贸企业转型过程复杂且困难,企业需严格配置对物资的管理。首先,需组建专口的外联部口,加强与配套行业与跨境电商第三方平台的合作,合理配置企业产品流和资金流的流向,保证企业业务运营顺畅。其次,严格控制资金流向,避免资金使用到无用的的地方,减少资金浪费,保证资金周转能够支撑企业转型。最后,需科学化管理企业供应链。企业转型为跨境电商企业,其供货模式与原来变化很大,为适应跨境电商企业供货模式,需将原来大批量生产并销售的模式改变为小批量生产,重视对产品质量的监控和提高企业研发设计能力。具体来说可通过企业与原材料供应商协商改变企业原材料采购模式;组建专口的质量监控部口,提高对厂房的管理力度保证企业产品质量的提高;吸引更多的创新人才投入到企业研发设计工作中等具体措施来达到目的。

除对物的管理外,企业还需对内部员工进行科学化管理。首先,做好组织机构的重建,根据跨境电商经营要求,新建网络技术部口、网络客服部口等,合理匹配人员和资源,让员工切身意识到企业转型。其次,对企业全体员工进行跨境电商相关培训,转变观念。使其对使跨境电商有大概的了解,了解其经营方式、运营理念、获利模式等有助于企业员工快速接纳跨境电商,接纳企业转型的决定。此外,合理制定员工薪酬模式,在保证企业员工基本需求的同时在转型的特殊时期提高员工的奖励薪酬,可激励其努力工作,使转型能够有足够的人力保障。最后,制定员工参与管理形式,在转型过程中合理充分听取基层员工意见,及时发现问题所在,纠正转型错误环节。

5.2 跨境电子商务环境下传统外贸企业转型升级的政策需求

跨境电子商务环境下传统外贸企业转型升级面临很多亟需解决的瓶颈问题和政策障碍,企业希望政府及相关机构能在提高职能部门工作效率、改革税费体制减轻企业负担、改革收付汇体制便利企业、知识产权保护以及人力资源提供等方面给予支持。

5.2.1 优化政策法规环境

相关政策法规的扶持是转型过程最为基础的影响因素。优化政策法规环境，能够保证其他因素不出现问题，从而保证转型的顺畅。

1. 为转型提供政策支持

为鼓励传统外贸企业转型，需针对相关方面提供政策支持，建造转型有利环境。

（1）针对性地为转型企业提供政策优惠，增加传统外贸企业进入跨境电商的积极性。这些政策包括为传统外贸企业提供电商培训，形成良好好的政策引导；针对转型企业降低放款要求，提高贷款限额，保证企业获得转型资金；为转型企业提供退税优惠，为企业减少转型成本等。，对于从事自有品牌跨境电子商务活动的企业，应给予更大的政策支持和扶持力度，鼓励其打造具有竞争力的品牌。对于高附加值产品出口电商企业，从财政、税收等方面给予更大优惠力度。通过规划的引导，逐步让传统外贸企业在跨境电商环境下的发展走向有序、规范发展。

（2）需为跨境电商平台、跨境物流企业和跨境支付企业提供政策优惠。具体来说，可通过推进简政放权，进一步优化退免税政策等方式提高跨境电商平台的主动性；简化物流报关程序，降低税收额度，吸引国内物流行业从事跨境物流业务；完善支付结算环节，提高对外汇的管理监控，优化跨境支付企业服务能力。政府应积极发挥宏观调控的作用，通过引导规模较大的国有企业，或与行业内如京东、阿里巴巴等大型电子商务公司合作，建造统一化、规范化的第三方海外仓储，以满足中小企业的物流需求，这样既能发挥"一带一路"战略的宏观指引作用，又能帮助微观企业"走出去"，从而提高效益，实现更好的发展。

（3）加大融资支持及扶持力度。可以设立支持传统外贸企业发展跨境电商出口贸易和对外开放的政府专项基金，根据外贸企业和项目的不同情况分别以不同方式给予支持，从而引导金融机构和其他社会资金流向外贸企业。同时，应当出台相关措施加强外贸企业信用担保体系建设，提高其贷款担保能力。

（4）要出台相应政策，建立健全复合型跨境电商人才培养的有效激励机制，通过税收制度等财政手段给予经济上的倾斜，为培养跨境电商人才提供有利的环境，引导企业和高校跨境电商人才的培养。这些相应政策包括鼓励企业开展人才培训，提供信息、教师、资金方面的支持；建造校企合作平台，定期开展跨境电商人才培养座谈会，保证校企信息交

第5章 跨境电子商务环境下传统外贸企业转型升级的对策分析

流通畅;鼓励高校培养跨境电商人才,提供研究、培养资金,以提高相关人才的质与量。

2. 为转型提供法律法规保障

与我国跨境电商发展现状形成鲜明对比的是我国尚未形成具体的跨境电商法律法规体系、缺少对基于跨境电商转型企业相关的法律法规保障,这也降低了传统外贸企业转型的积极性,需完善转型相关法律法规。

(1) 工商管理部门需要根据传统外贸企业转型的具体情况,制定相应的法律法规条例,包括转型相关程序的制定、规范转型相关税法的具体实施、对企业进行培训和监管等保证企业了解转型规则程序,转型过程中有法可循。

(2) 通过制定并出台相应的法律来规范第三方支付机构和网上银行等组织机构的行为,并对他们进行监管,同时也要出台相关的法规加强对市场主体行为的规范与监管。

1) 由于网上银行和传统银行不同,不能按监管传统银行的方法对网络银行进行监管,应该制定新的准入条件;

2) 网上银行客户开户情况也应该要加强监管,在客户开户时要严格审查客户的详细资信;

3) 制定相应的标准对电子货币市场进行规范;

4) 必须确保资金的安全以及收付货款的效率,这就要通过银监会对第三方支付机构的监督来实现,通过银监会的监督确保第三方无权动用客户资金以确保客户资金的安全。

(3) 增加跨境电商法律法规覆盖面,在跨境电商销售的产品质量、服务上面制定明确标准,使跨境电商跨国合作相关程序规范化,保证企业转型开展跨境电商业务时有法可依。

(4) 应对现有电子商务、企业转型法律法规进行合理的解释,拓宽电子商务、企业转型法律法规的覆盖面,增强法律监管力度,保证传统外贸企业转型能够在规范的市场监管下进行。

5.2.2 打造专业外贸综合服务平台

在传统外贸企业进行升级转型的过程中,政府相关部门可以针对相应的传统外贸企业建立专门的服务平台,整个平台突出外贸企业相应的企业产品经营以及具体的企业简介,附带客户咨询功能,让传统外贸企业在进行升级转型的过程中,仍然能够进行相应的经营业务,同时,专业且大型的外贸服务平台,可以更大程度地满足国外市场和客户的需要,同时为传统外贸企业带来利润来源,以及企业经营资金的来源,更好地保证传统外贸企业在进行升级转型过程中的资金支持。

"国六条"的出台,就是在符合市场公平原则的前提下,支持各地"外贸综合服务平台"竞争发展。一些以出口外贸作为支柱产业的城市,特别是一线口岸城市,未来将更加注重外贸综合服务平台的建设。外贸综合服务平台或将成为国际金融、国际物流服务资源整合的主体,也将是在互联网时代改变我国乃至全球服务业利益格局的有力推手,为此要进一步细化财政、税收、融资、用地和人才等一揽子扶持政策,为跨境电子商务环境下传统外贸企业转型升级的发展构建良好的政策环境。

5.2.3 积极参与国际合作,营造良好外部环境

1. 合作制定有利于促进跨境电子商务发展的外贸规章制度

传统的外贸通过线下方式进行,国家可以将其纳入各自管控的实体经济进行管理。如今跨境电子商务发展模式有其自身特点,原有的国际贸易规则已不再适用,因此迫切需要制定新型的跨境电子商务监管体制和相关贸易规则。我国应积极参与国际合作,在跨境电子商务贸易规则的制定过程中发挥作用,就关税优惠、信息安全以及跨境支付等方面进行洽谈,构建一套合理有效地适应跨境电商发展的国际贸易规则体系。

2. 加强国际间通关合作,促进贸易便利化发展

目前传统外贸企业发展跨境电商主要通过 B2C 模式,因此业务量呈现出小额、大量以及复杂的特点,需要各国之间加强通关合作,对于小额贸易货物采取简易通关或者由第三方物流企业进行统一通关,同时应制定相应通关管理监管制度,通过创新通关方式提高货物的通关效率,为促进传统外贸企业跨境电商事业的发展提供便利。

参考文献

[1] 陈晨. 基于价值链的浙江省民营外贸企业转型升级研究 ——以吉利控股集团为例[D]. 杭州：浙江工商大学，2014.

[2] 陈本文. 中国加工贸易企业转型升级的战略选择[D]. 南宁：广西大学，2012.

[3] 李春丽. 义乌外贸企业转型升级的路径选择及能力保障[J]. 现代商贸工业，2010（7）：86-87.

[4] 李群，李霄，丁跃进. 后金融危机时期长三角地区外贸企业转型升级研究[J]. 经济纵横，2014（9）：62-65.

[5] 林立. 加工贸易企业转型升级研究[D]. 北京：中国社会科学院研究生院，2012.

[6] MAGENTOLIVE. E- Commerce International Strategies for Online Retailers Going Local in China and Eastern Asia［EB/OL］. http：/ / info. magento. com/rs /magentocommerce /images /MagentoLive% 20AU% 20Presentation% 20 - %20Patrick%20Deloy. pdf，2013.

[7] 张磊. 传统国有外贸企业转型升级研究[D]. 北京：首都经济贸易大学，2014.

[8] 史姝菡. 宁波外贸企业的转型升级之路[J]. 经济丛刊，2011（2）：21-24.

[9] 吴能平. 宁波专业外贸公司转型升级研究——以宁波某专业外贸公司为例[D]. 杭州：浙江工业大学，2012.

[10] 朱华兵. 外贸企业运用电子商务转内销的策略研究[J]. 武汉商业服务学院学报，2011（3）：24-26.

[11] 孙艳艳. 我国跨境电子商务的发展现状分析[J]. 现代经济信息，2014（15）：169-170.

[12] 竺涵宇. 基于市场需求理论的宁波市对外贸易转型升级研究[J]. 对外经贸，2014（8）：43-46.

[13] 迈克尔波特. 竞争优势[M]. 陈小悦，译. 北京：华夏出版社，1997.

[14] 谭裕华，冯邦彦. 金融危机以来东莞加工贸易企业转型升级分析[J]. 科技管理研

究，2013（20）：66-70.

[15] 朱佩珍. 义乌外贸发展存在问题与转型升级路径探讨［J］. 商业时代，2013（31）：38-39.

[16] 杨永清. 我国外贸企业转型升级面临的形势与路径选择——以纺织服装出口企业为例［J］. 对外经贸实务，2012，06：9-12.

[17] 邓健. 跨境电子商务促进外贸转型升级［J］. 杭州：周刊，2014（01）：37-38.

[18] 池玫. 探索后危机时代国有外贸企业业务转型升级——以 ARTEX 公司为例［J］. 福建商业高等专科学校学报，2012（6）：95-99.

[19] Afuah, A, and Tucci, C. Internet Business Models and Strategies: Text and Cases. Boston: McGraw-Hill/ Irwin, 2001.

[20] 蔡济波. 基于全球价值链的我国本土生产型外贸企业升级研究［D］. 镇江：江苏大学，2011.

[21] 廖锦钊. 广东民营外贸企业转型升级研究［D］. 广州：广东外语外贸大学，2014.

[22] 东艳. 全球贸易规则的发展趋势与中国的机遇［J］. 国际经济评论，2014（1）.

[23] 余凤英. 跨境电子商务环境下外贸企业转型升级策略研究［J］. 辽宁科技学院学报，2014（12）.

[24] 董星华. 流通型外贸企业升级转型策略研究［D］. 昆明：云南师范大学. 2016.

[25] 毛蕴诗. 企业升级路径与分析模式研究.［J］《中山大学学报》. 2009（1）

[26] 李月乔. 我国中小外贸企业开展跨境电商面临的机遇与挑战［D］. 石家庄：河北经贸大学，2016.

[27] 吴湘频. SWOT 视角下传统外贸产业发展跨境电商的路径分析［J］. 商业经济研究，2016（21）.

[28] 雨果网 CEO 翁耀雄：2019 年是跨境出口电商行业的"品牌年"［EB/OL］. http://https://baijiahao.baidu.com/s? id = 1622342044655464520&wfr = spider&for = pc，2019.1.11.

[29] 吴春芬. 传统外贸企业向跨境电商转型研究［D］. 南昌：江西财经大学，2015.

[30] 周骏宇. 广东外贸企业的困境、转型升级路径和政策需求——基于结构方程的实证分析［J］. 国际经贸探索，2013（12）.

[31] 张春燕. H 外贸公司跨境电商发展策略研究［D］. 长春：吉林大学，2017.

[32] 乌义汗. 基于跨境电商的传统中小外贸企业转型研究 [D]. 哈尔滨：东北林业大学，2016.

[33] 国际统计局中国统计年鉴 [EB/OL]. http：//http：//www.stats.gov.cn/tjsj/ndsj/，2018.

[34] 付晓伟. 新时期 WED 外贸公司发展环境分析与战略选择 [D]. 青岛：青岛科技大学，2012.

[35] 王晓辉. 全球价值链视角下我国外贸企业转型的障碍分析——以嘉兴外贸企业的调查为例 [J]. 对外经贸实务，2013（12）.

[36] 方虹. 基于跨境电子商务的外贸转型升级模式及路径研究 [J]. 电信网技术，2014（5）.

[37] 蔡丽娟. "移动互联网+" 下传统外贸制造业发展跨境电商贸易研究 [J]. 商业经济研究，2016（16）.

[38] 夏旭田，王晓梅，吴梦晗. 全球贸易缓慢复苏 中国外贸出现局部增长亮点. 21世纪经济报道 http：//www.p5w.net/news/gncj/201706/t20170603_1820541.htm.

[39] 王爱红. 跨境电子商务模式下对外贸易转型升级模式与路径分析 [J]. 商业经济研究，2017（16）.

[40] ebay 外贸信息门户网站 [EB/OL]. https：//www.ebay.cn/，2018.

[41] 雨果网 [EB/OL]. https：//www.cifnews.com/，2018.

[42] 迈克尔 A. 希特，R. 杜安·爱尔兰，罗伯特 E. 霍斯基森. 战略管理 [M]. 吕巍，等，译. 机械工业出版社，2010（3）.

[43] 邓琦. 国有外贸企业战略转型研究 [D]. 苏州：苏州大学，2015.

[44] 李刚. 继续推进"一带一路"经贸合作 [J]. 中国金融，2019（8）.

[45] 别敦荣，易梦春. 普及化趋势与世界高等教育发展格局——基于联合国教科文组织统计研究所相关数据的分析 [J]. 教育研究，2018（4）.

[46] BHATT, GANESH D. A resource-based perspective of developing organizational capabilities for business transformation [J]. Knowledge and Process Management, 2000, 7 (2).

[47] KAPLINSKY R, MORRIS M. A Handbook for Value Chain Research [R]. Prepared for the IDRC, 2001.

[48] HUMPHREY J, SCHMITZ H. How does insertion in global value chains affect upgrading in industrial clusters [J]. Regional Studies, 2002, 9 (36).

[49] GARCIA, DOMINIE. Process and outcome factors of enterprise transformation: A study of the retail sector [D]. Georgia Institute of Technology, 2006.

[50] HERBERT, Ian. Business transformation through empowerment and the implications for management controlsystems [J]. Journal of HRCA: Human Resource Costing & Accounting, 2009.

[51] SRINIVASAN, MAHESH. E-Business and ERP: A Conceptual Framework toward the Business Transformation to an Integrated E-Supply Chain [J]. International Journal of Enterprise Information Systems, 2010, 6 (4).

[52] 夏旭田. 王晓梅. 吴梦晗. 全球贸易缓慢复苏 中国外贸出现局部增长亮点. 21世纪经济报道. http://www.p5w.net/news/gncj/201706/t20170603_1820541.htm.

[53] 沈文钦. 王东芳. 世界高等教育体系的五大梯队与中国的战略抉择 [J]. 高等教育研究, 2014 (1).